DIE GRIECHISCHE SAGENWELT

Roswitha Tewes-Eck
Erich Dunkel

Ernst Klett Verlag
Stuttgart Düsseldorf Leipzig

Diese Kopiervorlagen sind mit dem Vermerk „© Ernst Klett Verlag GmbH, Stuttgart" versehen. Von diesen Kopiervorlagen ist die Vervielfältigung für den eigenen Unterrichtsgebrauch gestattet. Die Kopiergebühren sind in diesem Fall abgegolten.

Trotz intensiver Recherche konnten einige Quellen nicht eindeutig geklärt werden. Sollte jemand eine Urheberschaft mit Rechtsanspruch nachweisen können, so ist der Ernst Klett Verlag bereit, eine angemessene Vereinbarung zu treffen.

Gedruckt auf Papier aus chlorfrei gebleichtem Zellstoff, säurefrei

1. Auflage   A 1 5 4 3 | 2004 03 02 01

Alle Drucke dieser Auflage können im Unterricht nebeneinander benutzt werden, sie sind untereinander unverändert.
Die letzte Zahl bezeichnet das Jahr dieses Druckes.
© Ernst Klett Verlag GmbH, Stuttgart 2000. Alle Rechte vorbehalten.
Internetadresse: http://www.klett-verlag.de

Redaktion: Annelie Werner

Herstellung: Franz Wanka
Grafik: Rudolf Hungreder, Leinfelden
Illustration S. 30/31: nach Ingrid Thomas, Plettenberg
Druck: Gutmann & Co GmbH, 74388 Talheim
Printed in Germany
ISBN 3-12-327092-0

Inhalt

I. Götter
1. Die griechischen Götter stellen sich vor 5
   - Götterball auf dem Olymp 5
   - Rätsel-Olymp 7
   - Mythologisches Unterwelt-Memory 8
2. Götterstrafen: hart, aber auch gerecht? 10
   - Prometheus 10
   - Sisyphos und Tantalos 11
   - König Midas 12
3. Schicksalhafte Göttersprüche 13
   - Ödipus 13
     • Der Orakelspruch und die Folgen 13
     • Wird sich der Orakelspruch erfüllen? 14
     • Sphinx-Rätsel und Co. 15
   - Sagen mit Riss 16

II. Helden
1. Herakles 18
   - Herakles am Scheideweg 18
   - Die Heldentaten des Herakles 20
2. Theseus 21
   - Theseus und der Minotauros 21
   - Theseus im Labyrinth des Minotauros 23
3. Dädalos und Ikaros 24

III. Abenteuer
1. Der Trojanische Krieg 26
   - Die Vorgeschichte 26
   - Der Untergang Trojas 28
2. Die Abenteuer des Odysseus 29
   - Die „Odyssee" beginnt 29
   - Bastelbögen: Das Schiff des Odysseus 30
   - Odysseus bei den Lotophagen 33
   - Odysseus im Land der einäugigen Riesen 34
   - Äolos 37
   - Odysseus bei Kirke 38
   - Odysseus und die Sirenen 40
   - Skylla und Charybdis 42
   - Das Ende der Irrfahrten? 43

IV. „Sagen"hafte Spiel- und Bastelideen
1. Die Reise in die Sagenwelt (Ein Mythologie-Spiel) . 45
2. Mythologisches Mobile 51
3. Griechische Kleidung – selbst gemacht 52
4. „Sagen"hafte Spiele-Ideen-Sammlung 53
5. Olymp – verkehrt 55
6. Die List des Odysseus 56
7. „Sagen"hafte Redewendungen –
   bunt durcheinander gewürfelt 57

V. Lösungen 61

Die griechische Sagenwelt

Dieses Heft ist eine Entdeckungsreise in die faszinierende Welt der griechischen Sagen. Ausgehend von diesem Mittelpunkt erhalten Schülerinnen und Schüler vielfältige Einblicke in griechisches Denken und Handeln in der Antike.

„Die griechische Sagenwelt" versteht sich als Ergänzung und Vertiefung zum jeweiligen an den Schulen benutzten Lehrbuch. Eine komplette Bearbeitung im oder parallel zum Unterricht ist genauso möglich wie eine auszugsweise Behandlung der angebotenen Themen in Form eines „Steinbruches". Von der Konzeption ist das Themenheft eher als zusätzliches Angebot gedacht, das nicht zwingend von der ersten bis zur letzten Seite bearbeitet werden muss, sondern Schwerpunkte des Unterrichts unterstützen kann.

„Die griechische Sagenwelt" ist so konzipiert, dass der Lernende sich selbst die angebotenen Unterrichtsinhalte erschließt, indem er sich in die griechische Sagenwelt hineinversetzen kann, das Spannende und Aufregende spürt und möglichst hautnah miterlebt. Die Möglichkeiten der Identifikation mit einer der antiken Personen oder Gestalten sind vielfältig. So findet Erlebnislernen in enger emotionaler Bindung an die Inhalte statt, das dem traditionellen Lernen an Effektivität weit überlegen ist.

„Die griechische Sagenwelt" präsentiert damit Unterrichtsinhalte in einer Form, die eine unmittelbare unterrichtliche Umsetzung ohne aufwendige Vorbereitung erlaubt.

Wie wird „Die griechische Sagenwelt" im Unterricht eingesetzt?
Unabhängig von der Intention oder vom Umfang des geplanten unterrichtlichen Einsatzes werden oft noch zusätzliche Materialien benötigt. Dazu gehört auch, dass die Lehrerin/der Lehrer über die kompletten Sagentexte verfügt und sie für den Unterricht bereitstellen kann.
Es empfiehlt sich auch das Anlegen einer „Mappe" (ein DIN-A4-Ordner oder Schnellhefter), in der alles gesammelt wird, was nicht direkt in das Heft eingetragen werden kann oder soll.
Gerade wenn nur auszugsweise gearbeitet wird, z. B. beim Einsatz ausgewählter Kopiervorlagen im Unterricht, sollten alle Kopien in dieser Mappe abgeheftet werden.

Nicht immer arbeiten Schülerinnen und Schüler allein. Manche Aufgaben und Spiele erfordern die Hilfe von Mitschülerinnen oder Mitschülern. Vermutlich wird Neues ohnehin viel lieber in der Gruppe als allein entdeckt!

Die Seepferdchen-Aufgaben stellen besondere Anforderungen. Sie sind ein Vorschlag zur Differenzierung. Vorgesehen ist, dass die Schülerin oder der Schüler – manchmal auch eine gesamte Schülergruppe – Seepferdchenkarten erhält, wenn diese Aufgaben gut gelöst werden.
Im Anhang befindet sich eine Seite dieser Motivationskärtchen.

Götterball auf dem Olymp

Der Göttervater Zeus ist nach langen Reisen zurück auf dem Olymp, der Wohnstätte der Götter. Nachdenklich blickt er herab auf das irdische Treiben:
„Wie lange liegt doch der Götter letztes gemeinsames Treffen auf dem Olymp jetzt schon zurück! Alle Göttinnen und Götter gehen ihren Aufgaben auf der Erde nach. Sie greifen in das Leben der Menschen ein, bestrafen und belohnen sie. Einsam und verlassen ist der Olymp! Das wird jetzt geändert! Ich lade zum großen Götterball auf den Olymp!"

So spricht Zeus und trifft danach alle Vorbereitungen für den großen Götterball.

Dem Wächter am Tor zum Olymp trägt er auf, jeden der ankommenden Göttinnen und Götter in folgender Weise zu begrüßen:
„Sei willkommen, verehrte(r) _____, auf dem Olymp! Zeus, der Göttervater, hat auch dich zu dem prunkvollen Fest geladen. Sei guter Dinge und amüsiere dich zu Ehren des großen Zeus."

Der Wächter ist gerne bereit, diese Aufgabe zu erfüllen. Doch er spricht zu Zeus:
„Verehrter Göttervater, zürne mir nicht. Ich bin neu hier auf dem Olymp. Wie soll ich denn die Götter nach ihrem Aussehen überhaupt auseinander halten, wenn ich sie nicht einmal richtig kenne? Wenn das Fest nicht schon im Streit beginnen soll, so entledige mich dieser Aufgabe."

„Beim Zeus, du bist als Wächter entlassen, wenn du deine Aufgabe nicht erfüllst. Weißt du überhaupt, was mir dieser Götterball bedeutet?
Ich werde dir nun kurz meine Gäste beschreiben. Außerdem erhältst du die letzten Zeichnungen unseres Olymp-Malers. Die tiefsten Abgründe des Hades sind dir gewiss, wenn bei der Begrüßung der Gäste etwas falsch läuft."

Die Beschreibung des Zeus:

„Wächter, dieses ist Hermes, der Götterbote mit den Flügelschuhen, den ich oft zu meiner Frau Hera schicke. Als einzige der Göttinnen und Götter darf sie eine Krone tragen. Verwechsle nicht die schöne Aphrodite, die so gerne in ihren Spiegel schaut, mit meiner Lieblingstochter Athene. Selbst mit Lanze und Schild wirkt sie bezaubernd.
Hephaistos trägt immer sein Schmiedewerkzeug mit sich, er ist muskulös, ein richtiger Kerl. Ganz anders ist die Gestalt des Apoll. Er ist ein schöner Jüngling, weich und sanft, der selbst dich mit seiner Lyra betört.
Bei Ares, dem Kriegsgott, wird es schwieriger. Ich lasse dich in Stücke reißen, wenn du ihn mit Athene verwechselst, denn auch er trägt Lanze und Schild.
Die Göttin Artemis erkennst du an ihrem Bogen.
Begrüße auch Dionysos. Seine Symbole sind die Trauben des süßen Weines. Ohne ihn ist der Götterball wie das Meer ohne die Wellen, die Poseidon mit seinem Dreizack erzeugt."

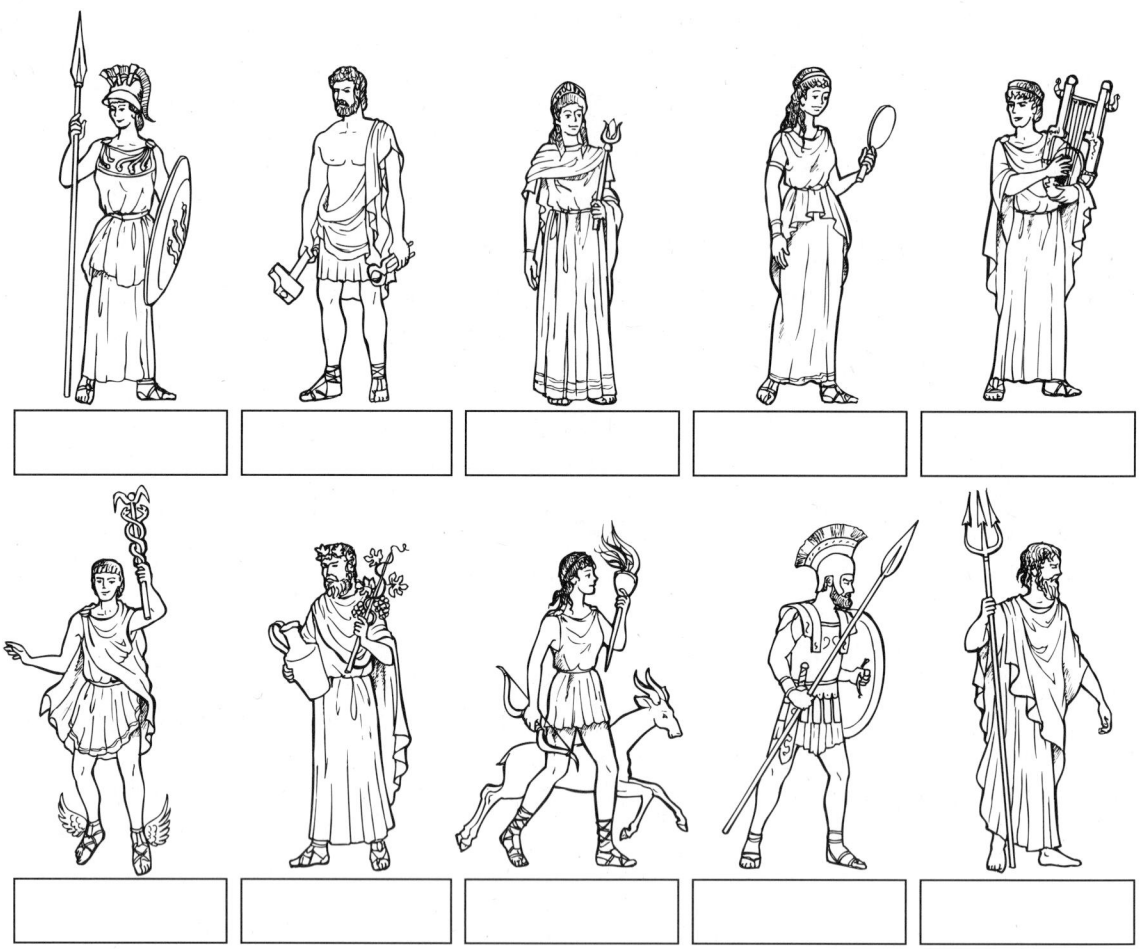

Willst du dem Wächter helfen?
Ordne nach der Beschreibung des Zeus den Bildern die richtigen Götter-Namen zu.
Zeichne die einzelnen Götter mit ihren Symbolen auf Zeichenpapier.
Sammle Informationen über ihre Aufgaben und Besonderheiten.
Stellt eure Bilder mit den Info-Texten zu einer Götter-Galerie zusammen und hängt sie in eurem Klassenraum auf.

Wenn ihr euch in der Klasse verkleidet, könnt ihr die Begrüßungszeremonie nachspielen und anschließend einen richtigen Götterball veranstalten.

Rätsel-Olymp

*Schreibe die Lösungen auf die Linien.
Die Silben helfen dir bei der Lösung.
Die fett gedruckten Buchstaben ergeben von oben nach unten gelesen das Lösungswort.*

Ora Ge ze
d**es** kel

Ueber Athe
don sia
spru**c**h

Opfer **l**ymp
Aphro **h**or
O

Amb**r**o Ha
Po**s**ei **n**e
sam lich

Bli**t** heb
ga**b**en dite
keit

1. _____
   Vergisst du die Bescheidenheit,
   sind Götterstrafen nicht mehr weit.

2. _____
   Als Sinnbild der Klugheit, zum Schutz
   von Athen
   soll hier als Göttin .... steh´n.

3. _____
   Er glättet und peitscht des Meeres Wogen,
   hat schon viele zu sich in die Tiefe gezogen.

4. _____
   Verärgere Zeus nicht und mach keine Witze,
   sonst schleudert er auch gegen dich seine ... .

5. _____
   Hier zählt nicht Reichtum, Gut und Geld,
   ein and´res Wort für Unterwelt.

6. _____
   Auf dem Olymp und auf der Reise
   ist dies der Götter Lieblingsspeise.

7. _____
   Die bringen die Menschen den Göttern dar,
   um sie gnädig zu stimmen, ist doch klar.

8. _____
   Ein Berg, dessen Spitze wolkenumgeben,
   hier fristen die Götter ihr himmlisches Leben.

9. _____
   Sie ist die Göttin der Liebe, des Schönen,
   auch ich ließ mich gern von ihr mal verwöhnen.

10. _____
    Dem ... hab´ ich entnommen:
    Dies Schicksal werde ich bekommen.

11. _____
    Wenn mir die Götter nicht grollen sollen,
    muss ich ... zeigen und tun, was sie wollen.

_____
Notiere hier das Lösungswort

Mythologisches Unterwelt-Memory

Hades	Tartaros	Hermes
 König der Unterwelt. Nach ihm wird die Unterwelt benannt.	 Teil der Unterwelt, in dem die Verdammten Höllenqualen leiden.	 Er geleitet die Verstorbenen in die Unterwelt, um sie dem Fährmann Charon zu übergeben.
Persephone  Sie wird von Hades geraubt und zur Herrscherin der Unterwelt erhoben.	**Elysium**  Hier genießen die guten Menschen paradiesische Freuden.	**Obolos**  Münze, die die Toten für die Fahrt über den Fluss Styx bezahlen müssen. Die Angehörigen legten dem Toten dafür ein Geldstück in den Mund.
Charon  Fährmann, der die Toten über den Fluss Styx zum Hades bringt.	**Orpheus**  Er kommt als Lebender ins Totenreich, um Hades mit seinem Gesang zu bitten, ihm seine tote Gemahlin wiederzugeben.	**Styx**  Unterweltfluss, über dessen schwarzes Wasser Charon die Toten ins Totenreich bringt.
Kerberos  Dreiköpfiger Hund, der den Eingang zur Unterwelt bewacht. Er lässt jeden hinein, aber niemanden hinaus.	**Thanatos**  Der Tod, dargestellt in schwarzem Gewand mit einem Schwert. Er schickt die Menschen ins Totenreich.	**Lethe**  „Strom des Vergessens", aus dem die Seelen der Toten trinken, um allen Kummer, den sie im Leben hatten, zu vergessen.

Klebe diese Memory-Kärtchen auf dünne Pappe und schneide sie aus.
Verstärke auch die Bildkärtchen durch Pappe und schneide sie aus.
Jetzt kannst du noch die Rückseiten der 24 Memory-Kärtchen schön gestalten.
Aber sie müssen einheitlich sein.

Erfindet zu zweit oder in der Gruppe ein Memory-Spiel zu einem anderen Thema der griechischen Mythologie.

Mythologisches Unterwelt-Memory
Bildkärtchen

Prometheus

Hier seht ihr Prometheus in all seiner Qual.
Wegen seines Ungehorsams und seines Hochmutes
wurde er von den Göttern schwer gestraft.
Wenn ihr über Prometheus und seine Vergehen mehr
erfahren wollt, lest den folgenden Sagentext.

Die ersten Menschen entstanden so: Mit Hilfe seiner Götterfreundin Athene formte Prometheus die ersten Menschen aus Ton nach dem Vorbild der Götter.
In ihnen vereinigte er gute und böse Eigenschaften, die er in der Welt vorfand. Aus diesen Gegensätzen entstand die menschliche Seele. Athene hauchte den Tongestalten Atem und Geist ein.
Die Menschen vermehrten sich und bevölkerten die Erde.

Prometheus lehrte seine Geschöpfe alles, was sie benötigten, um ein Dasein zu führen, das den Göttern gefiel. Für alles musste Prometheus jedoch erst den allmächtigen Zeus um Erlaubnis bitten. Nicht alles, was Prometheus für die Menschen erbat, gewährte Zeus. So verbot er ihm, den Menschen das Feuer zu überlassen. Zeus wollte die Macht der Menschen begrenzen.

Doch Prometheus wollte sich nicht dem Willen des Zeus beugen, denn er kannte den Nutzen des Feuers für die Menschen. Er näherte sich mit einem Riesenhalm dem Wagen des Sonnengottes Helios, entzündete den Halm und eilte mit dieser Fackel zur Erde, um den Menschen das Feuer zu bringen.

Zeus´ Rache ließ nicht lange auf sich warten. Er schickte eine wunderschöne Jungfrau, die Pandora, zu den arglosen Menschen. Als „Geschenk" übergab sie eine Büchse, in die die Götter alle unheilvollen Gaben eingeschlossen hatten.

Kaum wurde die Büchse der Pandora geöffnet, verbreiteten sich Krankheiten und Schmerzen, Hass, Neid und Missgunst unter den Menschen.

Doch damit nicht genug:
Zeus´ Rache traf nicht nur die Menschen, sondern auch Prometheus.
Er ließ ihn mit unlösbaren Ketten an einen Felsen schmieden. Speise und Trank wurden ihm versagt. Stattdessen fraß täglich ein Adler von seiner Leber, die ständig nachwuchs. Viele Jahrhunderte dauerten diese Qualen.
Zeus kannte kein Erbarmen.

Wenn ihr der Meinung seid, dass Prometheus für sein Vergehen zu hart bestraft wurde,
dann verfasst in Partnerarbeit eine Bittschrift an Zeus, um Prometheus von seinen Qualen
zu befreien.
Schließlich hat Prometheus doch viel für die Menschen getan und war stets ihr Freund und
Wohltäter.

Sisyphos und Tantalos

Auch sie wurden von den Göttern hart und unerbittlich bestraft:

Sisyphos musste zur Strafe einen mächtigen _____ einen Hügel hinaufwälzen. Unter unsäglicher Mühe ging der Verurteilte ans Werk, stemmte sich mit seiner ganzen Kraft dagegen und zwang den ungefügen Stein auch wirklich bis zur _____. Schon glaubte er ihn auf den _____ gewälzt zu haben, da entglitt der Felsblock seinen Händen und stürzte in die _____!
Immer wieder musste der Geplagte den Stein die Anhöhe hinaufwälzen. Doch es sollte ihm nicht ein einziges Mal gelingen, seine _____ zu erfüllen.

Schrecklich war die Qual, die Tantalos zur Strafe und zur Abschreckung traf: Er musste mitten in einem _____ stehen, dessen Wellen ihm fast bis zum Kinn reichten. Trotzdem musste er grässlichen Durst erleiden, denn niemals konnte er den lockend nahen _____ erreichen; sooft er sich nämlich niederbeugte um zu trinken, senkte sich der Wasserspiegel ab.
Zum Durst kam quälender Hunger, der ihm fast den Verstand raubte. Immer wenn Tantalos nach den köstlichen _____ griff, die direkt über ihm an den Bäumen hingen, erfasste plötzlich ein Sturmwind die Zweige und trieb sie hoch in den Himmel. Brennender _____, quälender _____ – hinzu kam die ständige Angst um sein Leben:
Gerade über seinem Kopf hing ein mächtiger _____ in der Luft, der ständig auf ihn herabzustürzen drohte.

Die folgenden Nomen sind aus dem Text herausgefallen. Füge sie wieder richtig ein:

Gipfel - Trank - Aufgabe - Höhe - Teich - Marmorstein - Durst - Früchten - Tiefe - Hunger - Felsbrocken

Sicher möchtet ihr wissen, warum Sisyphos und Tantalos so hart bestraft wurden. Lest die Vorgeschichte in einem Sagenbuch nach und erzählt den anderen darüber. Diskutiert in der Klasse über das Verhältnis zwischen Vergehen und Strafe.

König Midas

Lukas hat vor dem Schlafengehen in seinem Sagenbuch zwei Geschichten von König Midas gelesen. Sie haben ihm so gut gefallen, dass er sogar davon geträumt hat. Allerdings hat er im Traum alles durcheinander gebracht.

Die Textabschnitte – in die richtige Reihenfolge gebracht – ergeben ein Lösungswort: _____

Midas konnte sein Glück kaum fassen. Bald würde es niemanden auf der Welt geben, der reicher war als er. Alles, was er in seinem Palast berührte, erstrahlte in purem Gold.

Da wurde Apollon zornig und zog ihm die Ohren lang. „Solch dumme Ohren können doch keine Menschenohren sein", spottete er und siehe da, aus den Ohren wuchs ein zotteliges graues Fell heraus, die Ohren wurden lang und länger – König Midas´ Kopf verunstalteten zwei lange Eselsohren! Und die behielt er sein Leben lang.

Als erster spielte Pan auf seiner Hirtenflöte. Die Töne klangen jedoch so schaurig, dass man sich die Ohren zuhalten musste. Dann bat der Schiedsrichter Apollon zum Wettstreit. Würdevoll, das Haar mit Lorbeer umkränzt, in einen langen Purpurmantel gehüllt, griff er zu seiner Lyra. Alle Zuhörer zeigten sich von den himmlischen Tönen der Lyra entzückt.

Voller Freude ließ sich König Midas von seinen Dienern ein großes Festmahl bereiten. Doch kaum hatte Midas in den duftenden Braten gebissen, schrie er auf: Seine Zähne trafen auf hartes Metall. Er goss sich den edelsten Wein ein, doch auch der wurde zu Gold. Nichts vermochte den quälenden Hunger zu stillen und den rasenden Durst zu löschen. Ach, wie gerne würde er sich nun von dieser teuflischen Gabe wieder befreien! Dionysos hatte Mitleid mit ihm und erlöste ihn, um ihn vor dem Verhungern zu bewahren.

So stimmten sie aus vollem Herzen der Entscheidung des Richters zu, Apollon zum Sieger zu erklären. Der schlaue Pan hatte jedoch den König Midas zu diesem Wettstreit eingeladen. Und tatsächlich – der erdreistete sich jetzt, den Richterspruch anzuzweifeln: „Dein Urteil ist falsch, niemand anderem als Pan gebührt der Preis."

König Midas hatte einmal Dionysos, dem Gott des Weines, einen Gefallen getan. Zum Dank hatte er einen Wunsch frei: „So lass alles, was ich berühre, erhabener Gott, zu Gold werden!" Und siehe da, der Zweig, den Midas von der Eiche abbrach, verwandelte sich sogleich in schimmerndes Gold! Er hob einen Stein auf und schon war der zu Gold geworden.

Leider wurde Midas aus Schaden nicht klug. Das erkennt man an der zweiten Geschichte.
Pan, der Meister auf der Schilfrohrflöte, wagte es eines Tages voller Übermut, Apollon, den Gott der Künste und der Musik, zum Wettstreit herauszufordern. Der Berggott Tmolos sollte als Richter den Streit entscheiden.

Ödipus

Der Orakelspruch und die Folgen

In Theben herrschte König Laios.
Er und seine Frau Iokaste blieben lange Zeit kinderlos.
Laios befragte daher das Orakel von Delphi.

Hier der Orakelspruch, der ihm das
Blut in den Adern gefrieren ließ:

„Dir soll ein Sohn
geboren werden,
der wird seinen Vater
erschlagen und seine
Mutter heiraten."

Iokaste bekam bald darauf wirklich einen Sohn. Um dem fürchterlichen Schicksal
zu entgehen, übergaben sie den neugeborenen Knaben mit durchstochenen und
zusammengebundenen Füßen dem Hirten Thasos, der ihn im Gebirge aussetzen sollte.
Thasos kehrte mit dem Kind in seinen Armen nach Hause zurück.
Blut tropfte aus den Wunden des Kleinen. Aufgeregt lief seine Frau Areta auf ihn zu.
Während sie dem Kind die Fesseln löste und die Wunden verband, erzählte der Hirte
seiner Frau die ganze Geschichte. Gemeinsam überlegten sie, was jetzt
geschehen sollte.
Sollten sie den Kleinen tatsächlich aussetzen?
Sollten sie ihn in ihrer armseligen Hütte verstecken und ihn großziehen?
Sollten sie ihn an einen fremden Königshof bringen?

Versetze dich in die Lage des Hirten und seiner Frau. Wie würdest du entscheiden?
Schreibe das Gespräch zwischen den beiden auf.

Spielt diese Szene (mit Verkleidung und Requisiten).

Wird sich der Orakelspruch erfüllen?

Dem Hirten tat der kleine Knabe Leid und so brachte er ihn nach Korinth an den Hof des Königs Polybos. Da Polybos und seine Frau kinderlos waren, nahmen sie den Knaben mit Freuden auf und liebten ihn wie ihr eigenes Kind. Sie nannten ihn Ödipus („Schwellfuß"), weil seine Füße durch die Wunden angeschwollen waren. Ödipus lebte viele Jahre glücklich am Hofe von Korinth, bis er eines Tages von dem Orakelspruch erfuhr.
Ödipus dachte, er würde bei seinen richtigen Eltern leben. Deswegen verließ er Korinth, um niemals in die Situation zu kommen, den Vater zu ermorden und die Mutter zu heiraten. Und so machte er sich auf den Weg nach Theben.

Unterwegs begegnete ihm ein Reisewagen, der ihn vom Weg abdrängte. Es kam zu einem Streit zwischen ihm und dem Wagenlenker. In diesen Streit mischte sich der vornehme Herr, der im Innern des Wagens saß, ein. Er beugte sich aus dem Wagen und versetzte Ödipus einen Schlag. Der geriet außer sich vor Wut und erschlug ihn.

Auf seiner weiteren Wanderung schnappte Ödipus von anderen Reisenden folgende Gesprächsfetzen auf:

Wie wird es jetzt weitergehen? Erzähle selbst.

Vergleicht anschließend eure Ödipus-Sage mit dem Originaltext.

Sphinx-Rätsel und Co.

Das Rätsel der Sphinx:

„Am Morgen ist es vierfüßig,
am Mittag ist es zweifüßig,
am Abend ist es dreifüßig;
doch gerade wenn es sich auf
den meisten Füßen bewegt,
sind seine Glieder am
wenigsten kräftig und behände."

Sonnengegner

Läuft ums Haus herum,
läuft am Haus hinunter,
ist bei Sonnenschein stumm,
bei Schlechtwetter munter.

Gliederfreund

Das Erste ist am Arm,
das Zweite am Fuß,
das Ganze an der Hand.

Aus dem Hühnerhof

Eine Henne vor Schreck
legt ein Ei in den Dreck;
damit machte sie nur
eine schöne Figur.

Feind der Rundung?

Keine runde Schüssel hat's,
doch jedes runde Becken,
keine runde Pfütze hat's,
doch jeder runde Flecken.
Kein runder Stab,
doch jeder runde Stecken,
kein runder Laib,
doch jeder runde Wecken.

Aus dem Zoo

Von Nord, von Süd
ein wildes Tier:
ein Mann mit Vollbart
steht vor dir.

Bekränzter Ochse

Zum Auerochs noch Blätter tu,
so hast du eine Zeit lang Ruh.

Leicht und schwer

Im Mondschein schweben die Ersten
und schwingen das Zweite im Tanze,
doch führen die Dicksten und Schwersten
als härteste Waffe das Ganze.

aus: Ernst Buschor: Rätselküche; C.H. Beck'sche Verlagsbuchhandlung, München 1958

Sagen mit Riss

Sandra will die zerrissenen Seiten ihres neuen Sagenbuchs - so gut es geht - wieder zusammenkleben.
Sicher könnt ihr Sandra dabei helfen.
Ordnet die Texte den Bildern der folgenden Seite zu, ergänzt die Überschriften und die fehlenden Namen.

_____

Zeus hatte durch einen Orakelspruch erfahren, dass er einen Sohn bekäme, der ihm den Thron entreißen würde. Metis, die Göttin der Vernunft, erwartete gerade ein Kind von ihm. Um die Erfüllung des Orakelspruches zu verhindern, verschlang Zeus die schwangere Metis.
Als der Moment gekommen war, an dem das Kind das Licht der Welt erblicken sollte, bekam Zeus furchtbare Kopfschmerzen. Er befahl daher dem Gott Hephaistos ihm den Kopf mit einer Axt zu spalten.
Da sprang unter den staunenden Blicken aller _____ in voller Rüstung heraus.

_____

Zeus verwandelte sich in einen Stier und näherte sich der Blumenwiese, auf der _____ mit ihren Freundinnen saß.

Sie bewunderte seine edle Gestalt. Zärtlich streichelte sie ihn und schwang sich lächelnd auf seinen Rücken. Da sprang der Stier vom Boden auf und trug sie davon. Über den Ozean schwamm er mit ihr und endlich, gegen Abend, erreichten sie ein fernes Ufer.

Als _____ sich angsterfüllt in der fremden Umgebung umblickte, erschien ihr Aphrodite und sprach: „Tröste dich, Zeus ist es, der dich aus Liebe geraubt hat. Unsterblich wird dein Name werden. Denn der fremde Erdteil, der dich aufgenommen hat, heißt nach dir _____!"

_____

Von Hermes mit Flügelschuhen und einer diamantenen Sichel ausgerüstet, flog _____ zu dem Ozean, wo die Gorgonen hausten. Sie waren unsterblich bis auf eine von ihnen, die _____ hieß.

Ihr Haupt sollte der Held dem König bringen. _____ überraschte _____ im Schlaf. Ihr Kopf war mit Drachenschuppen übersät und mit Schlangen statt Haaren bedeckt. Sie verwandelte jeden, der sie ansah, durch ihre Blicke zu Stein. Deshalb hatte Athene geraten, seinen glänzenden Schild als Spiegel zu benutzen und _____ nicht direkt anzusehen.

Perseus und Medusa

Europa mit dem Stier

Die Geburt der Athene

Herakles am Scheideweg

Herakles war der stärkste aller griechischen Helden. Schon als Säugling erwürgte er zwei Riesenschlangen, die ihn bedrohten, mit bloßen Händen.
Eines Tages – Herakles war inzwischen herangewachsen – traf er auf zwei Frauen.
Die eine nannte sich Glückseligkeit, die andere war die Tüchtigkeit.
Jede von ihnen wollte seine Führerin und Gefährtin sein.

Frech drängte sich die Glückseligkeit vor.
Sie trug auffällige Kleider, wirkte keck und herausfordernd,
war grell geschminkt und ihr Blick war berechnend
und betörend:

„Wenn du mich zu deiner Gefährtin und Führerin erwählst, so verspreche ich dir von jetzt an ein angenehmes und schönes Leben.
Auf keine Lust musst du verzichten, nur Genuss wird dein Leben bestimmen.
Nöte, Bedürfnisse und Sorgen der anderen werden dich nicht mehr kümmern.
Alle Freuden erreichst du ohne jede Mühe. Dir werden die köstlichsten Speisen und Getränke gereicht, du wirst auf weichem Lager ruhen. Zwar weiß ich, dass manche dieses Leben lasterhaft und liederlich nennen. Aber was kümmert es dich, wenn sie dich als faul und nichtsnützig beschimpfen?
Denke an dich und deinen eigenen Vorteil.
Genießt du dein Leben in dieser Weise, so wirst du ausschließliche Glückseligkeit empfinden. Jetzt wird dir die Entscheidung nicht mehr schwer fallen!"

Schlüsselbegriffe, die zur Glückseligkeit passen:

_____

_____

_____

_____

Die 5 Schlüsselbegriffe findest du in dem Buchstabenquadrat auf der nächsten Seite.

Die Tüchtigkeit war bescheiden.
Sie trug ein schlichtes, reines Gewand und erschien ihm anständig und sittsam:
„Du musst wissen, dass dir im Leben nichts ohne Mühe und Schweiß gelingen wird. Die Liebe der Götter, den Erfolg und die Verehrung durch seine Freunde muss man sich hart verdienen.
Wer ernten will, der muss auch säen, sich einbringen und aufopfern; nicht nur für sich und seinen Erfolg, sondern für andere und das Gemeinwohl.
Nur der, der durch Fleiß sich selbst und anderen Gutes tut, ist nicht nur bei den Göttern geachtet, sondern auch hoch angesehen bei allen Mitmenschen. Ohne meinen Weg gibt es keine wahre Freundschaft, keine Liebe und Treue und auch keinen Ruhm.
Wählst du meinen Weg der Tugend und Ehrbarkeit, so erwarten dich viel Mühe, Last und Verantwortung, aber auch Zufriedenheit, Ehre und Anerkennung."

Schlüsselbegriffe, die zur Tüchtigkeit passen:

_____

_____

_____

_____

Die 5 Schlüsselbegriffe sind in dem Buchstabenquadrat auf dieser Seite versteckt. Die Begriffe im Buchstabenquadrat sind von links nach rechts, von oben nach unten, aber auch rückwärts und diagonal zu lesen.

N	V	R	E	T	S	A	L
E	O	E	R	F	O	L	G
D	R	U	H	M	A	F	B
U	T	E	R	H	E	C	B
E	E	R	U	L	J	K	I
R	I	T	U	G	E	N	D
F	L	S	F	S	U	P	L
W	T	G	E	N	U	S	S

Diskutiert in eurer Klasse, welchen Weg Herakles wählen soll. Begründet eure Meinung.

Die Heldentaten des Herakles

Herakles hatte sich entschieden, Verantwortung zu übernehmen und seine Fähigkeiten für die Gemeinschaft einzusetzen.
Schon bald fand er Gelegenheit, sich seinen Mitmenschen nützlich zu erweisen.
Ein wilder Löwe in den Wäldern des Peloponnes versetzte die Menschen in Angst und Schrecken. Dieses Untier verschlang Menschen und Tiere, alle Waffen prallten an seinem Fell ab. So fielen auch die Pfeile, die Herakles auf den Löwen schoss, nutzlos zu Boden.

Da fertigte Herakles aus dem Holz eines Olivenbaumes eine mächtige Keule. Die schwang er gegen den Löwen und traf ihn im Sprung, so dass dieser zu Boden fiel. Schnell umklammerte Herakles das riesige Ungeheuer, drückte ihm mit seinen gewaltigen Fäusten die Kehle zu und erwürgte ihn. Herakles zog dem Löwen das Fell ab und trug es seither als Mantel, wobei er sich den Löwenkopf mit dem weit geöffneten Rachen als Helm überstülpte.

Herakles musste noch gegen viele andere Ungeheuer kämpfen.
Die Eigenschaften dieser Ungeheuer findest du unten auf den Erzählkärtchen.

Wähle ein Kärtchen aus und erzähle deine eigene Heraklessage.
Veranschauliche deine Geschichte mit einem Bild.

Hydra	Raubvögel	Kerberos	Seeschlange
Ungeheuer mit giftigem Blut und neun Schlangenköpfen, die immer wieder nachwachsen.	Gefährliche Vögel mit Schnäbeln, Krallen und Flügeln aus Eisen. Ihre Metallfedern können sie wie Pfeile abschießen.	Ein Höllenhund, groß wie ein Elefant. Er hat drei Hundeköpfe, deren Mähnen aus Schlangen bestehen. Sein Schwanz ist ein Drachenkopf.	Ein riesiges Ungeheuer, das mit seiner Zunge die Feinde überwältigt und in seinen Rachen zieht.

Theseus und der Minotauros

Vor Jahren hatte Minos, der König von Kreta, Athen im Krieg besiegt. Seitdem forderte er von den Athenern alle neun Jahre sieben Jünglinge und sieben Jungfrauen, die dem furchtbaren Minotauros zum Fraß vorgeworfen wurden. Obwohl selbst nicht von dem Todeslos getroffen, erklärte sich der junge Königssohn Theseus bereit, mit nach Kreta zu fahren. Er wollte das Ungeheuer besiegen und Athen von der schweren Tributpflicht für immer befreien. Vor der Abfahrt spricht sein Vater noch einmal mit ihm:

Ägeus stürzte sich in Sunio in das Meer. Nach ihm heißt es Ägäisches Meer. Theseus bestieg den Thron seines Vaters. Viele Jahre regierte er sehr gerecht.

Bangebuxos, der Angsthase, wird in die antike History-Show eingeladen, um als Augenzeuge über das Minotauros-Abenteuer zu berichten.
Überlegt euch, welche Fragen der Moderator an Bangebuxos stellt und wie dieser die Ereignisse schildern wird. Er weiß allerdings nicht, dass Theseus als Überraschungsgast geladen ist, der später hinzukommt.
In der nächsten Deutschstunde ist dann Show-time angesagt, denn dann präsentiert ihr eure antike Talk-Runde.

Theseus im Labyrinth des Minotauros

Hier siehst du Theseus im Kampf mit dem Minotauros. Theseus musste aber nicht nur das Ungeheuer mit dem Stierkopf besiegen, er musste auch wieder aus dem Labyrinth hinausfinden.
Dazu musste er nur dem Faden folgen, den ihm Ariadne mitgegeben hatte.
Auf dem Bild ist der Faden jedoch verschwunden.
Hilf Theseus, zu Ariadne zurückzufinden, indem du den Faden einzeichnest.

Dädalos und Ikaros

Dadälos war der Erbauer des Labyrinthes, in dem der Minotauros gefangen war.

Bestimmt kennst du die Sage von Dädalos und Ikaros. Wenn nicht, lass sie dir erzählen oder lies sie in einem Sagenbuch nach. Hier ist die Sage als Comic dargestellt. Deine Aufgabe ist es, die Sprechblasen zu füllen.

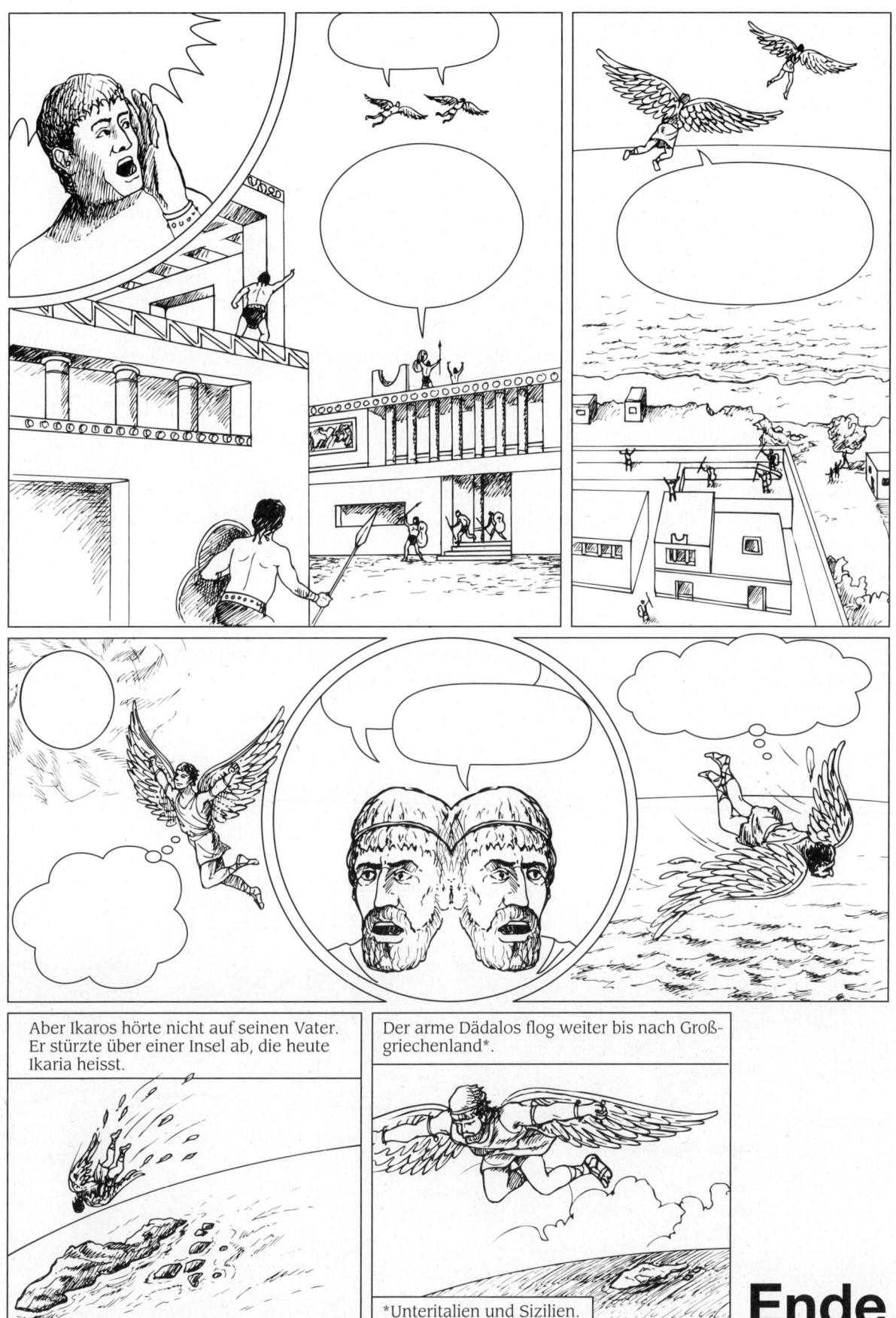

Erstellt selbst ein Comic-Buch mit verschiedenen Sagen aus der griechischen Mythologie.

Der Trojanische Krieg

Die Vorgeschichte

Auf einer Hochzeit, zu der viele Götter eingeladen waren, erschien plötzlich Eris, die Göttin der Zwietracht, obwohl man sie zu diesem Fest gar nicht eingeladen hatte. Voller Zorn warf sie einen goldenen Apfel unter die Gäste und rief: „Für die Schönste!" Und schon entbrannte der heftigste Streit unter den Göttinnen. Schließlich beanspruchten drei Göttinnen den Schönheitspreis für sich: Athene, die Göttin der Klugheit, die Himmelskönigin Hera und Aphrodite, die Göttin der Liebe und der Schönheit.
Sie stritten so lange, bis Zeus sprach: „Paris, der Sohn des Königs von Troja, soll entscheiden."
Nun versuchte jede der Göttinnen Paris für sich zu gewinnen. Hera versprach ihm alle Macht der Welt, Athene versprach ihm Ruhm und Ehre und Aphrodite versprach ihm die schönste Frau der Welt.
Da entschied sich Paris für die Göttin der Liebe und reichte ihr den goldenen Apfel. Als Dank führte Aphrodite Paris nach Sparta, an den Hof des Königs Menelaos.
Als Paris die Gemahlin des Königs, die schöne Helena, erblickte, wusste er, dass die schönste Frau der Welt vor ihm stand. Er ergriff ihre Hand, geleitete sie auf sein Schiff und entführte sie nach Troja, auf die Burg seines Vaters.
Vergeblich forderte Menelaos seine Gemahlin zurück. Paris und auch sein Vater Priamos verweigerten die Rückgabe der schönen Helena. Da bat Menelaos seinen Bruder Agamemnon, den König von Mykene, um Hilfe.
Agamemnon rief alle Griechen zum Kampf auf.
So begann der zehn Jahre dauernde schreckliche Krieg um Troja.

Wenn du den Text auf Seite 26 aufmerksam gelesen hast, kannst du die folgenden Fragen beantworten.

Du musst dann nur noch die Buchstaben von oben nach unten lesen, die in Klammern angegeben sind.
Machst du alles richtig, so erhältst du die Lösung.

Trage sie hier ein: _____

1. Agamemnon war der König von ... _____ (3)

2. Die Angetraute des Zeus heißt ... _____ (3)

3. Die Göttin der Zwietracht ist ... _____ (3)

4. Sie ist die Göttin der Klugheit. _____ (4)

5. Der Bruder von Menelaos heißt ... _____ (2)

6. Er spricht oft das Machtwort unter den Göttern. _____ (3)

7. Der Spartanerkönig heißt ... _____ (1)

8. Sie ist die Göttin der Liebe. _____ (8)

9. Ihn wählte man als Schiedsrichter. _____ (3)

10. Er ist der Vater des Schiedsrichters. _____ (6)

11. Um diese Stadt wird 10 Jahre lang gekämpft. _____ (4)

12. Sie war die Frau, die diesen Krieg auslöste. _____ (6)

Entwerft kleine Spielszenen zu folgenden Ereignissen:

1. Der Streit der Göttinnen um den Schönheitspreis

2. Das Urteil des Paris

Präsentiert die Szenen - natürlich verkleidet - euren Mitschülern.
Welche Gruppe bekommt den Siegespreis?
Es muss ja nicht ein goldener Apfel sein!

Der Untergang Trojas

Zehn Jahre lang belagern die Griechen nun schon Troja, doch immer noch ist kein Ende des Krieges abzusehen. Vergeblich versuchen Griechen und Trojaner immer wieder eine Entscheidung herbeizuführen.
Doch dann kommt den Griechen endlich die rettende Idee.
Als Reporter bzw. Reporterin des „Olymp-Express" hast du das Neueste über die Ereignisse um Troja herausbekommen.
Hier deine brandheißen Notizen:

- Troja im Kampf nicht zu besiegen
- Griechen geben die Belagerung scheinbar auf
- Sie bauen ein riesiges Holzpferd als Geschenk für die Trojaner

- Trojaner im Freudentaumel
- Trojaner ziehen das Pferd im Triumph in die Stadt
- Trojaner trinken, tanzen und feiern die ganze Nacht

- im Bauch des Pferdes versteckte bewaffnete Griechen erstürmen die Stadt

- Troja fällt

- Götter erzürnt über grausames Gemetzel der Griechen

- Fluch den Siegern!

Schreibe über diese Ereignisse einen Sensationsartikel für die erste Seite des „Olymp-Express". Natürlich mit Bild.

Die Abenteuer des Odysseus

Die „Odyssee" beginnt

Nach dem Ende des Trojanischen Krieges sticht Odysseus mit seinen Schiffen von Troja aus in See, voller Sehnsucht nach seiner Heimat Ithaka, seiner Frau Penelope und seinem Sohn Telemachos.
Er ahnt nicht, dass die Götter ihm - aus Zorn über die während des Krieges begangenen Gräueltaten der Griechen - die Heimfahrt verweigern.
Zehn Jahre dauert seine Irrfahrt kreuz und quer über das Mittelmeer.
Homer hat die Abenteuer, die Odysseus auf dieser Reise erlebt, im 8. Jahrhundert v. Chr. in seiner „Odyssee" beschrieben.
Auf den nächsten Seiten könnt ihr mehr über diese abenteuerliche Reise erfahren.

Ein antikes Vasenbild zeigt dir Odysseus in seiner Reisekleidung.
Leider ist die Vase zerbrochen. Füge die Scherben wieder zusammen und klebe das Bild in deine Mappe.

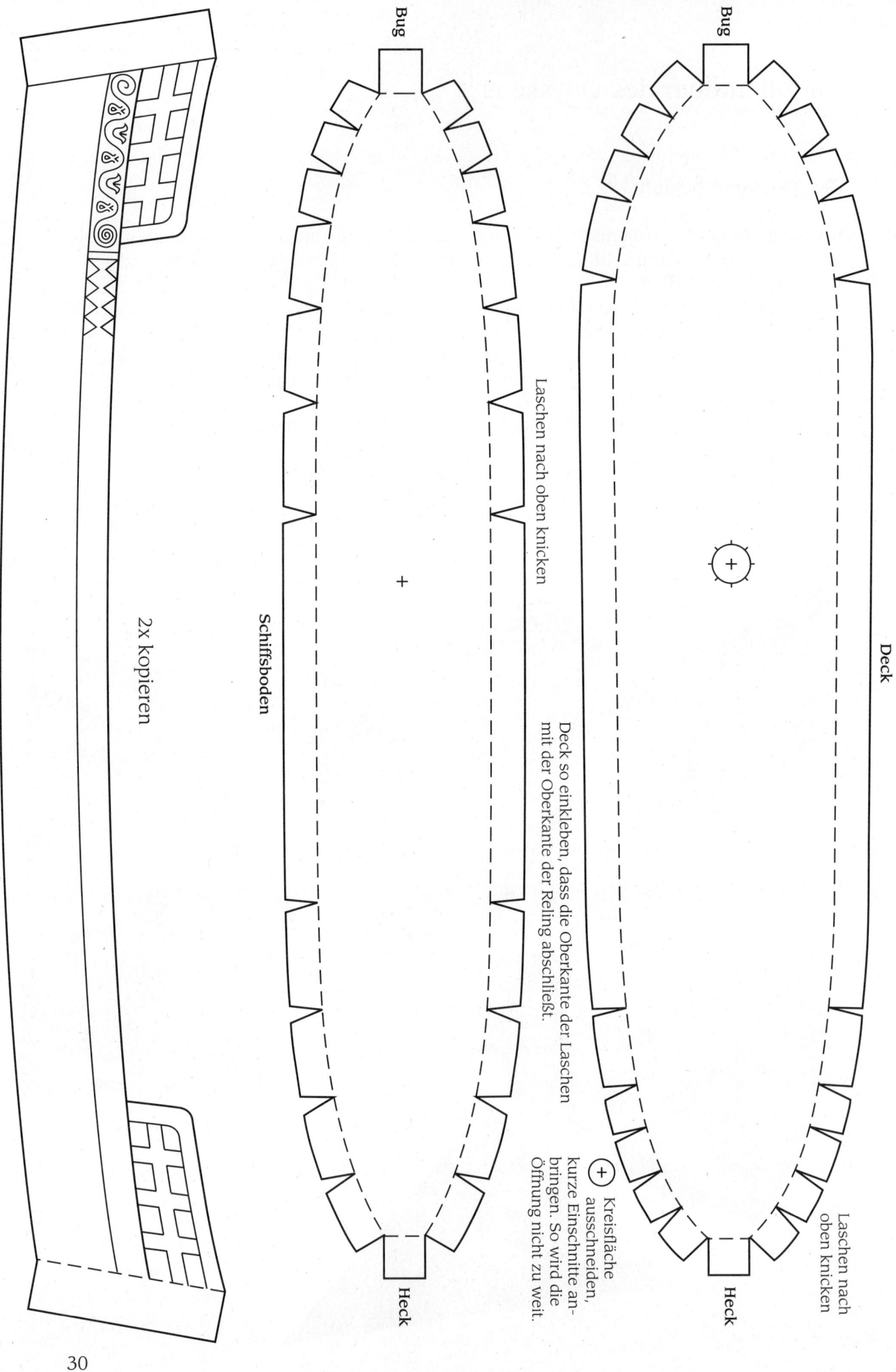

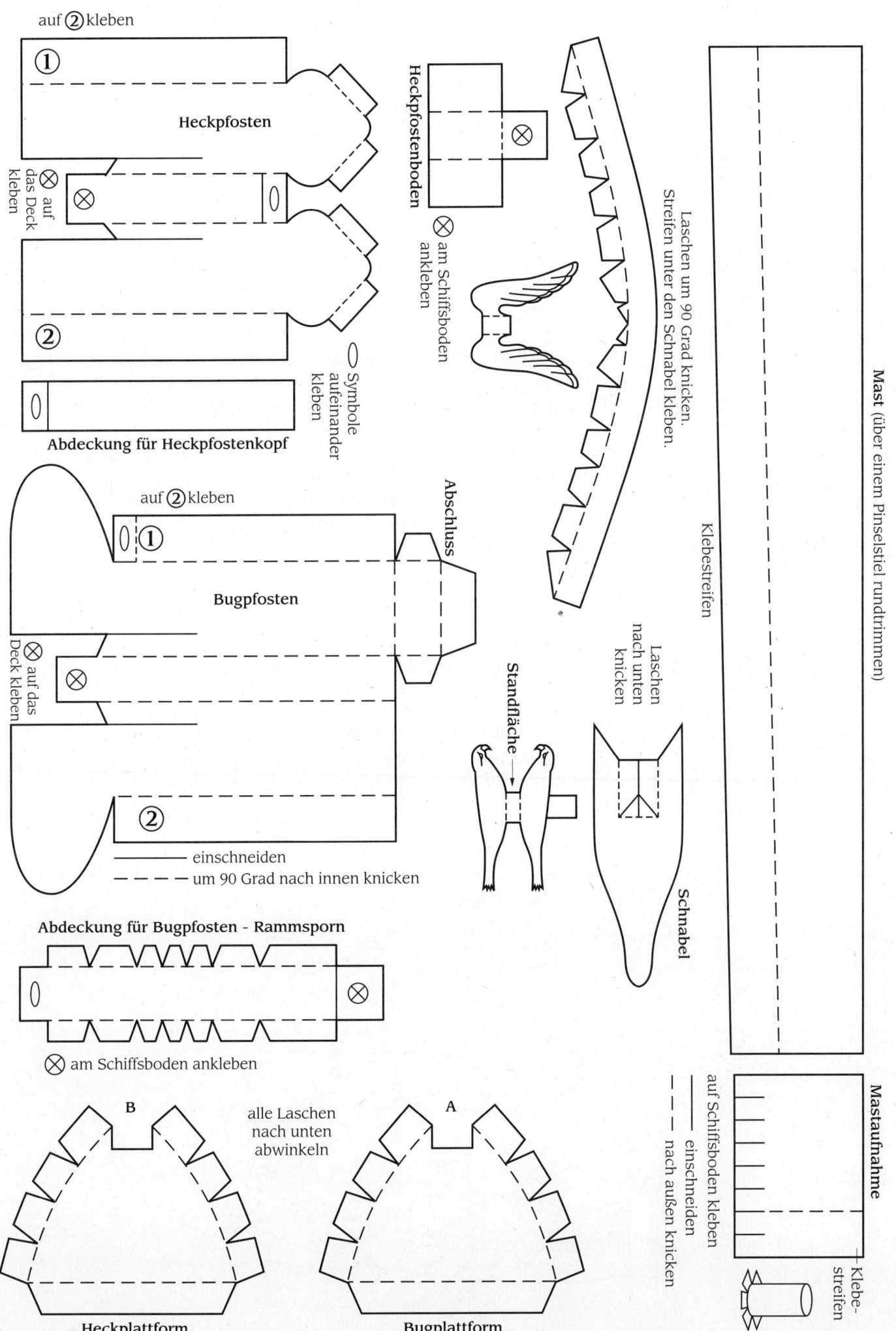

Bastelbögen: Das Schiff des Odysseus

Bauanleitung

Vor dem Ausschneiden müssen die Teile auf stärkeres, biegsames Papier kopiert werden. Der Rumpf muss 2-fach angefertigt werden (s. Anweisungen auf dem Bastelbogen). Es empfiehlt sich eine Vergrößerung auf DIN A3.
Du kannst das Schiff anmalen, wenn es fertig ist. Du kannst es auch mit Symbolen und Ornamenten schmücken.

1. Die beiden Rumpfteile schneidest du zuerst aus. Die Laschen knickst du nach innen und klebst sie deckend aufeinander.
2. Dann klebst du den Boden ein. Klebe die Mastaufnahme (die Halterung für den Mast) zusammen und anschließend auf den Schiffsboden.
3. Klebe den Mast zusammen. Befestige nun das Deck, in das du vorher das Loch für den Mast geschnitten hast, entsprechend den Angaben auf dem Bastelbogen.
4. Setze nun die Bug- und Heckpfosten zusammen. Die Pfosten schiebst du mit den Schlitzen über das Geländer, bis die Unterkante der Pfosten mit dem Boden des Rumpfes übereinstimmt.
5. Setze nun die Schnabelteile zusammen und klebe sie in Höhe der Geländerbordüre an den Bugpfosten.
6. Schneide Heck- und Bugplattformen aus und klebe sie so ein, wie es in der Bastelanleitung gezeigt ist.
7. Den Adler knickst du an den unterbrochenen Linien und klebst ihn an der Rückenlasche zusammen. Klebe dann die Adlerflügel an. Anschließend winkelst du die Flügelteile in Flugrichtung ab. Dann kannst du den fertigen Adler auf den Bugpfosten kleben. Schmücke den Bugpfosten mit einem farbigen Band.
8. Klebe eine dünne Schnur wellenförmig von innen gegen die Reling, so dass kleine Ösen entstehen, in die man die Ruder einstecken kann. Befestige für die beiden größeren Steuerruder entsprechende Schlaufen aus dickerer Schnur am Heckpfosten. Ruder lassen sich aus leichten Hölzern (z.B. Schaschlikspieße) herstellen, an denen man Ruderblätter aus Tonpapier anbringt.
9. Das Segel kannst du selbst nach der Zeichnung des Schiffes aus Tonpapier oder Stoff anfertigen und am Mastbaum befestigen.

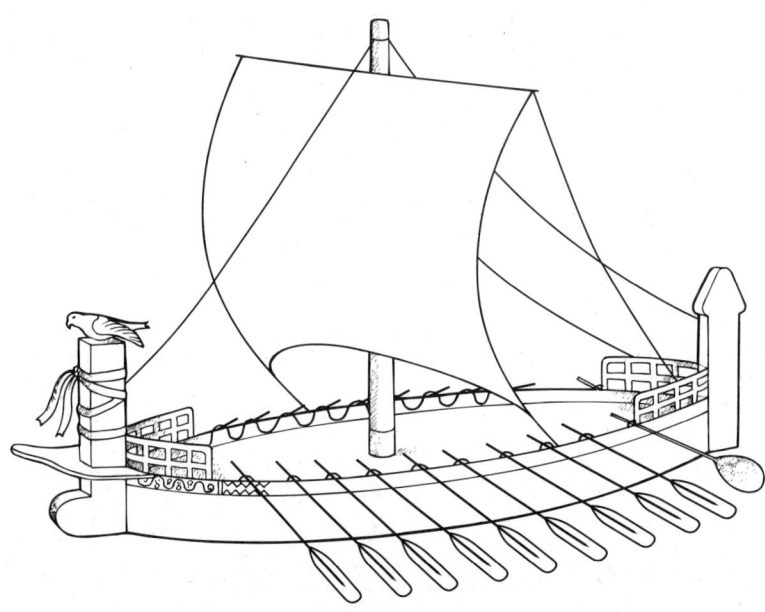

Odysseus bei den Lotophagen

Odysseus erzählt:
„Nach neuntägiger Irrfahrt gelangten wir am zehnten Tag ans Ufer der Lotophagen, die sich von nichts anderem als Lotosfrüchten ernähren. Hier gingen wir an Land und nahmen frisches Wasser zu uns. Dann sandte ich drei meiner Gefährten auf Kundschaft aus. Sie gelangten auch zur Versammlung der Lotophagen und wurden von diesem gutmütigen Volke, dem es nicht in den Sinn kam, etwas zu unserem Verderben zu unternehmen, auf das freundlichste empfangen. Aber die Frucht des Lotos, von der sie ihnen zu kosten gaben, hatte eine ganz eigentümliche Wirkung ..."

Jetzt bist du Odysseus. Erzähle weiter.

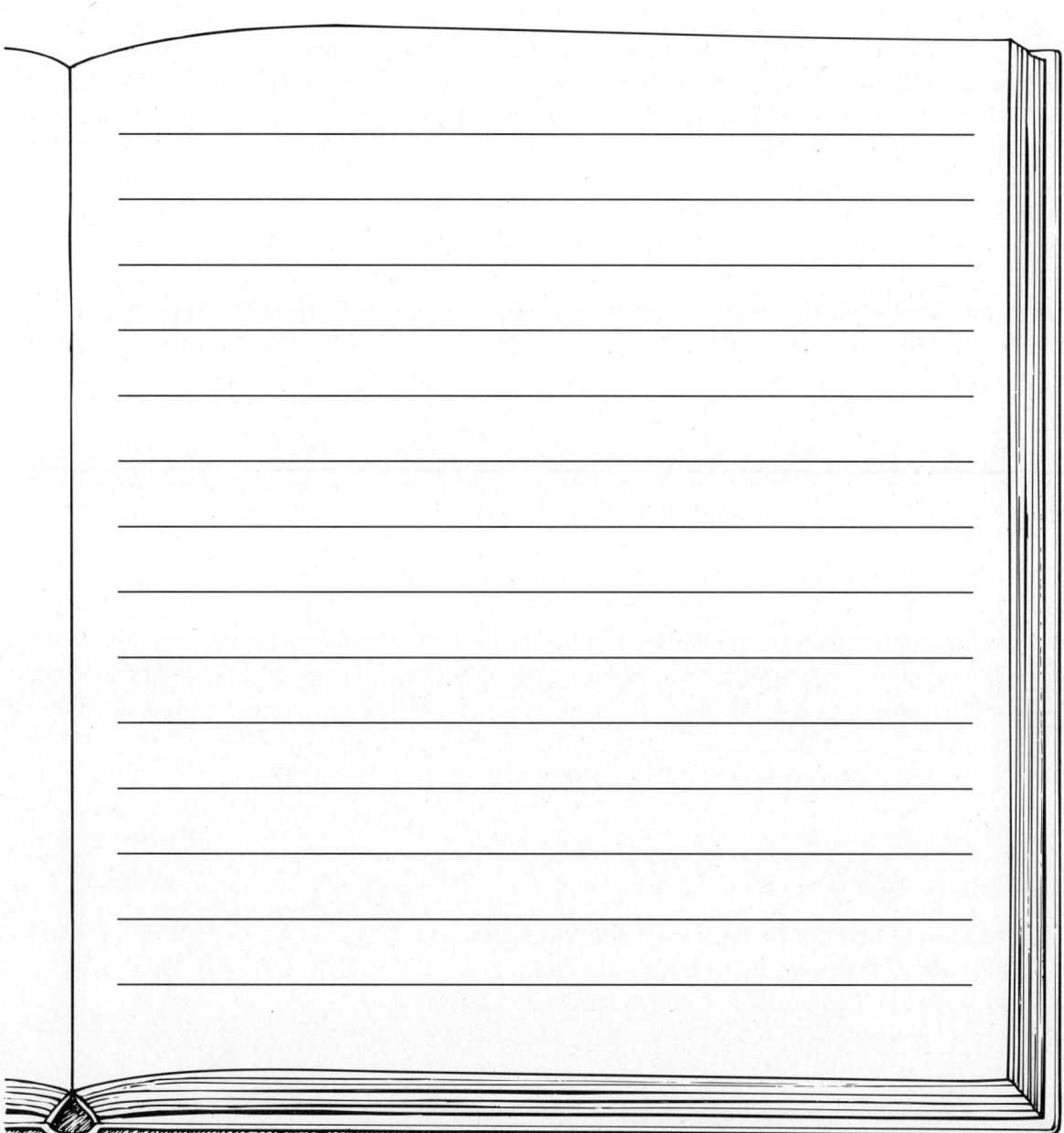

Vergleicht eure Geschichten mit dem Original-Text.

Odysseus im Land der einäugigen Riesen

Als Odysseus und seine Gefährten auf ihrer weiteren Fahrt an einer kleinen, dicht bewaldeten Insel landeten, ahnten sie noch nicht, dass sie sich im Land der Kyklopen befanden.
Sorglos durchstreiften sie die Insel, als sie plötzlich eine große Höhle entdeckten.

Verwundert betrachteten sie das Innere der Grotte, die großen Körbe voll Ziegenkäse, das riesige Bett in der Ecke, die mächtige Keule, die an der Höhlenwand lehnte, die Menge der in Holzgattern eingepferchten Schafe und Lämmer.

Odysseus und seine Männer setzten sich in der Höhle nieder, zündeten ein Feuer an und aßen von dem Ziegenkäse.

Doch plötzlich gefror ihnen das Blut in den Adern. Im Eingang der Höhle erblickten sie eine riesige Gestalt, die mehr einem mit Gestrüpp bewachsenen Felsblock als einem Menschen glich. Bart und Kopfhaare waren so struppig und zottelig, dass sie nach allen Seiten abstanden.

Aber das Merkwürdigste war: Mitten auf der Stirn hatte der Riese nur ein einziges Auge.

Als er die Höhle betrat, erzitterte der Boden unter seinen Schritten. Dann rollte er einen mächtigen Felsblock vor den Eingang und wollte sich in der Höhle niederlassen, als er plötzlich die Männer erblickte. „Wer seid ihr, Fremde?", fuhr er sie an.

Odysseus bat den einäugigen Riesen, ihn und seine Freunde gastfreundlich aufzunehmen. Doch da geschah etwas Schreckliches …

Das erzählt euch Odysseus selbst. Ihr müsst nur die Textabschnitte auf der nächsten Seite in die richtige Reihenfolge bringen. Wer alles richtig geordnet hat, erkennt auch das Lösungswort:

_____
Es verrät dir den Namen des einäugigen Riesen.

*Malt im Kunstunterricht Bilder von diesem Abenteuer oder stellt tolle Masken des einäugigen Riesen her.
Ihr könnt das Abenteuer auch als Schattenspiel darstellen.*

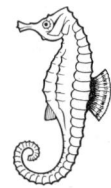

Am Morgen packte der Unhold wieder zwei meiner Begleiter und verzehrte sie vor unseren Augen. Dann schob er den Felsblock vom Eingang der Höhle, trieb die Herde hinaus und legte den Stein wieder sorgsam vor das Loch. In Todesangst blieben wir zurück.
Da ersann ich einen Plan, um uns zu befreien und zugleich die toten Gefährten zu rächen. Im Stall lag die mächtige Keule des Kyklopen. Davon hieb ich ein Stück ab, hieß die Gefährten es glätten, schärfte es oben spitz und härtete es in der Flamme.

Der Kyklop riss sich den Pfahl aus der Stirn, schleuderte ihn weit von sich und tobte wie ein Unsinniger. Die anderen Kyklopen, die ringsum im Gebirge wohnten, wollte er herbeirufen.
Er entfernte den Felsblock vor dem Eingang und tastete mit seinen Händen umher, um jeden von uns zu fangen. Dabei brüllte er immer wieder aus seiner Höhle heraus: „Niemand ist hier! Niemand will mich töten!"

Am Abend kehrte der schreckliche Riese heim und verrammelte den Eingang mit dem Felsen. Wieder packte er zwei unserer Gefährten und vertilgte sie. Da näherte ich mich dem Ungeheuer mit einer Kanne meines schweren Weines.
„Da nimm, Kyklop, und trink!" Wortlos nahm der Kyklop den dargebotenen Wein. Man sah, wie das Getränk ihm schmeckte. „Gib mir mehr davon zu trinken, Fremder", bat er, „und sag mir, wie du heißt."
Als dann der Wein ihn zu umnebeln begann, redete ich ihn listig an: „Meinen Namen willst du wissen, Kyklop? Ich habe einen seltsamen Namen, denn ich heiße Niemand."

Und schon streckte der Unhold seine Riesenhände aus, packte zwei meiner Gefährten, zerriss sie und fraß sie auf. Voll Entsetzen mussten wir der Untat zuschauen; jammernd streckten wir die Hände zu Zeus empor.
Doch ungerührt legte sich der Riese auf dem Boden zur Ruhe nieder.
Sollte ich mich auf ihn stürzen und ihm das Schwert ins Herz stoßen?
Schnell verwarf ich diesen Racheplan. Wir hätten einen elenden Tod in dem Felsengrab sterben müssen, weil niemand uns den Stein vom Eingang hätte fortwälzen können.

„Niemand, ich bin nicht undankbar", meinte der Kyklop. „Ich werde dich als letzten von allen verspeisen. Bist du mit meiner Gabe zufrieden?" Diese letzten Worte brachte der Unhold nur noch lallend hervor, dann fiel er in einen tiefen Schlaf.
Schnell steckte ich den vorbereiteten Pfahl in die glimmende Asche und stieß ihn zusammen mit den Freunden dem Kyklop tief ins Auge. Grauenvoll heulte der Verletzte auf.

Wie Odysseus und seine Gefährten dann tatsächlich sicher der Höhle entkamen, lest ihr am besten in einem Sagenbuch nach.

Odysseus und seinen Gefährten ist es gelungen von der Insel der Kyklopen zu entfliehen.
Auch den Felsbrocken, die Polyphem ihnen hinterherschleudert, können sie durch schnelles Rudern entkommen.
Aber jetzt begeht Odysseus einen großen Fehler: Er ruft Polyphem etwas zu, was er besser verschwiegen hätte.

Wenn du weißt, was Odysseus Polyphem jetzt doch noch verrät, schreibe es in die Sprechblase.

Was Odysseus nicht wusste: Polyphem ist der Sohn des Meeresgottes Poseidon.

Und genau den ruft Polyphem jetzt herbei.

Erzähle als Polyphem deinem Vater Poseidon, was dir Schreckliches passiert ist. Worum wirst du Poseidon bitten?

_____

_____

_____

_____

_____

Äolos

Auf seiner weiteren Reise gelangte Odysseus auf die Insel des Äolos.
Wenn du wissen willst, wer Äolos war, lies die folgende Geschichte. Leider ist sie noch etwas lückenhaft. Es wird dir aber sicher nicht schwer fallen, die Lücken mit folgenden Begriffen zu füllen.

die heulenden Winde – 9 Tage und 9 Nächte – die silberne Schnur – aus der Haut eines Stieres – von Westen – Neid und Neugier – in einem wilden Wirbel – der Beherrscher der Winde – mit einer silbernen Schnur – Zeus – Zephir – Ithaka – Am zehnten Tag – Gold und Silber – eine große Müdigkeit – das Steuerruder

Auf einer kleinen Insel wohnte Äolos, _____.
Ihm hatte _____ Gewalt über die Winde gegeben: Er konnte sie zum Sturm werden lassen, er konnte sie aber auch zum Schweigen bringen. Äolos und seine Gemahlin empfingen die Griechen freundlich und fragten sie nach allem, was sich zugetragen hatte.
Beim Abschied gab Äolos Odysseus einen Schlauch, _____ gefertigt und _____ verschlossen.
„Darin sind _____ gefangen", sprach er, „achte wohl darauf, dass sie nicht entweichen. Denn wenn sie meiner Obhut entronnen sind, werden sie leicht wild und ungebärdig. Euch aber will ich den freundlichen Zephir senden, der _____ weht und euch sicher heimgeleiten wird!"
Sie fuhren _____, und der _____ trieb sie sanft und stetig vorwärts gegen _____.
_____ tauchte fern aus dem Dunst die heimatliche Küste auf.
Odysseus hatte neun Tage und neun Nächte _____ nicht aus der Hand gegeben. Jetzt aber überkam ihn _____, dass ihm im Stehen die Augen zufielen. Er übergab dem Steuermann das Ruder und schlief ein.
Indessen betrachteten die Gefährten den großen ledernen Schlauch, der drunten im Schiffsraum lag, voller _____.
„Ich möchte wohl wissen, was für ein kostbares Gastgeschenk Odysseus von Äolos erhalten hat! Wo immer er hinkommt, wird er beschenkt, während wir nichts erhalten. Kommt, wir wollen sehen, ob der Schlauch etwa voll _____ ist."
So redeten sie untereinander. Und – gesagt, getan! – schlichen sie hinab in den Schiffsbauch und lösten _____.
Da zischte und sauste und heulte es mit einem Male, dass sie vor Entsetzen auf den Rücken fielen. Die Winde aber fuhren aus dem Schlauch, hinauf aus dem Schiffsraum und über das Wasser, das sogleich wild aufschäumte. Das aufgepeitschte Meer riss das Schiff _____ mit sich und die Küste von Ithaka verschwand wieder wie ein Traumbild.

nach: Auguste Lechner: Die Abenteuer des Odysseus. Tyrolia-Verlag, Innsbruck⁸ 1985

Odysseus bei Kirke

Sandra, Schülerin der Klasse 6b, erzählt uns ein weiteres Abenteuer von Odysseus:

Als Odysseus auf eine unbekannte Insel kam, schickte er Polybos mit einigen seiner Gefährten los, um die Insel zu erforschen. Schon bald sahen sie Rauch aufsteigen. Als sie näher kamen, entdeckten sie eine kleine Hütte mitten im Wald.
Doch plötzlich prallten sie zurück und erschraken fürchterlich. Sie wurden nämlich umringt von wilden Tieren, von Wölfen und Löwen. Die Tiere hatten jedoch nicht vor, sie aufzufressen, sie wollten nur schmusen und sie abschlecken. So fassten die Gefährten neuen Mut und näherten sich der Hütte, angelockt von einer lieblichen Frauenstimme, die aus dem Häuschen drang.
Sie spähten durchs Fenster und erblickten eine wunderschöne Frau, die am Webstuhl saß. Als sie aber bemerkte, dass sie Besuch hatte, stand sie auf, um die Männer willkommen zu heißen. Sie lächelte und sagte freundlich: „Ihr habt sicher Hunger und Durst, ich hole euch Speisen und Wein."
Alle Männer traten ein, bis auf Polybos. Er ahnte schon Böses und versteckte sich lieber hinter der Tür. Die anderen ließen es sich gut schmecken, aßen und tranken, ohne zu ahnen, dass sie sich bei der schönen Zauberin Kirke befanden, der Tochter des Weingottes Dionysos. Heimlich hatte sie giftige Kräuter in den Wein gemischt.
Doch Odysseus´ Gefährten waren so begeistert von Kirke, dass sie nichts davon bemerkten. Als sie den Wein ausgetrunken hatten, lachte Kirke grausam und berührte die Männer mit ihrem Zauberstab.
Da passierte es: Die Männer verschrumpelten, nur ihre Köpfe wurden immer dicker, ein Rüssel streckte sich aus ihrer Nase heraus und die Ohren wuchsen und wuchsen und hingen schließlich wie Waschlappen an ihren großen Köpfen herab. Ihre Haut wurde immer faltiger und grauer. Sie hatten nichts mehr an, nur ein paar Borsten ragten aus ihrer Haut. Sie konnten nicht mehr auf zwei Beinen laufen und nicht mehr sprechen, nur noch den Rüssel heben und laut trompeten. Kirke hatte sie in Elefanten verwandelt.
Polybos, der das alles aus seinem Versteck mit ansehen musste, erschrak und lief an den Strand zu Odysseus. Er erzählte die ganze Geschichte und Odysseus war fest entschlossen, seinen verzauberten Freunden zu Hilfe zu eilen.
Auf dem Weg begegnete ihm ein hübscher junger Mann mit Flügeln an den Sandalen. Es war Apoll, der Götterbote. Apoll gab Odysseus das Kraut Polly und sagte zu ihm: „Nimm dieses Kraut. Kirke wird dich auch bezirzen und dann in ein wildes Tier verwandeln. Dieses Kräutlein aber wird dich vor ihrem Zauber schützen."
Odysseus aß es, bedankte sich und ging weiter.
Als er bei Kirke ankam, lockte sie ihn auch hinein. Sie gab auch ihm den Zaubertrank, wunderte sich aber, warum er bei ihm keine Wirkung hatte. Als sie ihn auch mit ihrem Zauberstab berühren wollte, zog Odysseus sein Schwert.
Kirke wusste nun, dass der listenreiche Odysseus vor ihr stand, und sie schwor, ihm niemals etwas zu tun. Seine Gefährten bestrich sie mit einer Zaubersalbe und auf einmal wurden die Elefantenbeine wieder zu Händen und Füßen, die Borsten fielen ab und die Elefanten wurden wieder zu Menschen.

Na, hast du es schon bemerkt? Sandra ist ein kleiner Spaßvogel und hat sechs Fehler in ihre Geschichte eingebaut. Streiche sie rot an und notiere die Verbesserungen am Rand.

Tipp: *Vergleiche Sandras Erzählung mit dem von Auguste Lechner nacherzählten Sagentext auf der nächsten Seite.*

Die Zauberin Kirke

Am Ufer einer unbekannten Insel angekommen, schickte Odysseus seinen treuen Gefährten Eurylochos mit einigen Männern los, um die Gegend zu erkunden.

Als sie eine Weile gegangen waren, kamen sie an eine Lichtung. Da stand ein prächtiges Haus aus schön behauenen Steinen. Schon wollten sie auf das Haus zueilen, da prallten sie plötzlich zurück. Denn ringsum erhoben sich jetzt allerlei wilde Tiere aus dem Grase, hagere Bergwölfe und Löwen mit gewaltiger Mähne. Und während die Männer noch überlegten, ob sie zu den Schwertern greifen oder fliehen sollten, kamen die Tiere schweifwedelnd herbeigelaufen und sprangen an ihnen in die Höhe wie Hündlein, die ihren Herrn begrüßen. Den Griechen quollen die Augen aus dem Kopf vor Verwunderung. Als sie noch wie gebannt am Hoftor verweilten, da hörten sie eine liebliche Frauenstimme. Es war Kirke, die zauberkundige Tochter des Sonnengottes Helios, die drinnen am Webstuhl saß und sang. Als sie die Männer rufen hörte, legte sie sogleich das Webschiffchen zur Seite und kam ans Tor. Sie lächelte freundlich, dass es ihnen warm ums Herz wurde, und lud sie ein, ins Haus zu treten. Sie folgten ihr, ohne sich lange zu besinnen. Nur Eurylochos, der Böses ahnte, blieb draußen. Indessen wies Kirke drinnen den Männern ihre Sitze an einem großen Tisch an, und während sie voll fröhlicher Erwartung dasaßen, mischte sie ihnen einen Trank aus geriebenem Käse, Mehl, Honig und Wein. Aber sie fügte auch noch den Saft von verschiedenen giftigen Kräutern hinzu. Sie lächelte immer noch, aber es war ein grausames Lächeln. Dann erhob sie sich und berührte jeden der Männer mit ihrem Stabe.

Alsbald begannen sie sich auf eine schreckliche Weise zu verändern. Ihre Köpfe schwollen unförmig an, ein Rüssel streckte sich daraus hervor, die Ohren hingen an den Seiten herab, die Gewänder verschwanden und Borsten bedeckten die Haut. Zuletzt verloren sie ihre menschliche Gestalt und begannen auf vier Beinen zu gehen und zu grunzen: Sie waren alle zu Schweinen geworden! „Fort mit euch!", befahl sie und trieb sie in den Stall.

Während dies alles geschah, war Eurylochos voller Sorge zu Odysseus geeilt, um ihm von Kirke zu berichten. Er hatte kaum zu Ende geredet, da sprang Odysseus auf, um den Gefährten zu Hilfe zu eilen. Als er zum Waldesrand kam, trat ihm Hermes entgegen, der Gott mit dem goldenen Stabe. „Unglückseliger, du weißt nicht, was dich bedroht", sagte er tadelnd, „deine Freunde sind bei Kirke, der zauberkundigen Göttin. Sie hat sie in Schweine verwandelt. Und du wirst das gleiche Schicksal erleiden. Aber ich will dir helfen." Und er zog ein Kräutlein mit schwarzer Wurzel und milchweißer Blüte aus der Erde und reichte es Odysseus. „Wenn du das Kräutlein Moly hast, kann dir kein Zauber etwas anhaben."

So besiegte Odysseus die allmächtige Kirke und bat sie, die Gefährten von dem Zauber zu erlösen. Kirke zauderte einen Augenblick. Dann trieb sie ein Rudel Schweine in den Saal, ging schnell von einem zum anderen und bestrich sie mit einer Zaubersalbe. Da begannen sie sich augenblicklich zu verwandeln, die Borsten fielen von ihnen ab, aus den Tierkörpern kamen menschliche Gesichter hervor ...

nach: Auguste Lechner, Die Abenteuer des Odysseus. Tyrolia-Verlag, Innsbruck[8] 1985

Odysseus und die Sirenen

Was „Sirenen" sind, wollt ihr wissen? Findet es selbst heraus.

Als sich das Schiff nun der Insel der Sirenen näherte, verstopfte Odysseus seinen Gefährten die *Nasenlöcher / Ohren / Augen* mit *Bienenwachs / Wattebäuschchen / Papier*, damit sie nichts mehr hören konnten. Denn die Sirenen singen so *lieblich / grauenvoll / fetzig*, dass niemand ihrem *Geräusch / Gesang / Geheule* widersteht. Frau und Kinder sind vergessen und zurück in die Heimat kehrt man nie mehr.
Odysseus aber wollte den *Lärm / Heulton / Sirenengesang* hören und dennoch zurückkehren.
So ließ er sich von seinen Männern mit festen Seilen aufrecht an *eine Schiffsplanke / den Mastbaum / den Bug des Schiffes* binden.
Als sie nun an der Sireneninsel vorbeifuhren, sahen sie zwei *Frauen / Ungeheuer / Göttinnen* auf einer Blumenwiese sitzen. Ja – aber dort am Ufer ... was lag denn da im Sande verstreut?
Totenschädel, menschliche Gerippe, über denen die Haut schwärzlich verschrumpelt war, verbrannt von der glühenden Sonne. *Verlockend / schrill / ohrenbetäubend* war aber der *Lärm / Heulton / Sirenengesang*. Als Odysseus ihre Stimmen vernahm, erfüllte ihn eine tiefe *Abscheu / Sehnsucht / Trauer*. Verzweifelt versuchte er sich von seinen Fesseln zu befreien. Er musste hinüber ... er musste zu ihnen!
Doch die Gefährten banden ihn nur um so fester und ruderten schneller.
Erst als die Stimmen in der Ferne verhallten, nahmen alle das *Wattebäuschchen / Bienenwachs / Papier* aus den *Augen / Ohren / Nasenlöcher(n)* und befreiten Odysseus von seinen Fesseln.

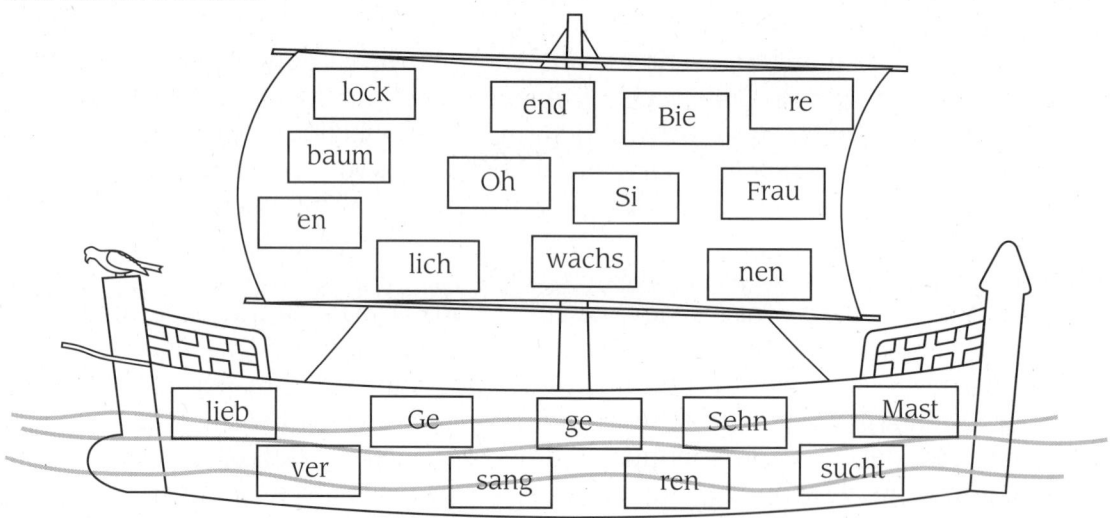

Die richtigen Begriffe sind als Silben ins Meer gestürzt oder kleben am Segel. Suche sie aus den Wortwellen oder dem Wortsegel heraus (einige sind mehrfach zu verwenden).

Wie stellst du dir die Sirenen vor? Male ein Bild zu diesem Abenteuer und hefte es in deine Mappe.

Überlegt euch, mit welch zuckersüßen Gesängen und mit welchen Versprechungen die Sirenen versucht haben Odysseus anzulocken. Schreibt einen solchen Sirenengesang (vielleicht sogar in Gedichtform). Vertont anschließend die schönsten Gedichte im Musikunterricht. Spielt dann dieses Abenteuer nach.

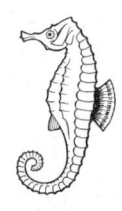

So hat sich ein griechischer Vasenmaler das Sirenenabenteuer vorgestellt:

Ihr müsst nur noch die Teile richtig zusammenfügen und aufkleben.
Die Buchstaben ergeben (bei richtiger Ordnung hintereinander gelesen) das Lösungswort.

„Gesang" der heutigen Sirenen: ___ ___ ___ ___ ___ ___ ___

N　　A　　O　　N　　W　　T　　R

Vergleiche diese Darstellung mit deinem Sirenenbild.

_____
_____
_____
_____
_____
_____

Der Vasenmaler führt die Geschichte noch weiter.
Wie reagieren die Sirenen, als sie bemerken, dass ihr Gesang nicht wirkt?

_____
_____
_____

41

Skylla und Charybdis

Als Odysseus mit seinem Schiff auf die Meerenge zwischen Sizilien und der Stiefelspitze Italiens zusteuerte, wusste er schon, was ihn erwartete, denn Kirke hatte ihn bereits vor dieser Gefahr gewarnt.

Kirke: „Dort drinnen (in einer Grotte) wohnt Skylla, die schrecklich bellende. Ja, sie hat eine Stimme wie die eines neugeborenen Hündchens, sie selber aber ist ein Ungetüm, ein schlimmes, und niemand würde sich freuen, der sie sähe, auch nicht, wenn ein Gott ihr begegnete. Ja, und zwölf Füße hat sie, alle unförmig, und sechs Hälse, überlange, und auf jedem ein gräuliches Haupt, und darinnen drei Reihen Zähne, dicht und gedrängt, erfüllt mit schwarzem Tode. Bis zur Mitte steckt sie in der hohlen Grotte, hält aber die Köpfe heraus aus der schrecklichen Grube und fischt dort, rings um die Klippe tastend, Delphine und Hundsfische ...
Noch niemals können sich Schiffer rühmen, dass sie an dieser unversehrt mit dem Schiff vorbei entronnen wären, sondern sie holt sich mit jedem Haupt einen Mann, ihn entraffend aus dem schwarzbugigen Schiffe.
Die andere Klippe wirst du flacher erblicken, Odysseus – nah sind sie beieinander, du könntest auch mit dem Pfeil hinüberschießen –: auf dieser ist ein Feigenbaum, ein großer, üppig in Blättern stehend. Unter diesem schlürft die göttliche Charybdis das schwarze Wasser ein. Denn dreimal sendet sie es empor am Tage und dreimal schlürft sie es ein, gewaltig: mögest du nicht gerade dort sein, wenn sie einschlürft! Denn es könnte dich aus dem Übel auch nicht der Erderschütterer (Poseidon) erretten. Sondern halte dich ganz nah an der Klippe der Skylla und treibe dort schnell dein Schiff vorbei, da es viel besser ist, sechs Gefährten in dem Schiffe einzubüßen als alle miteinander."

Homer, Odyssee, 12. Gesang, übersetzt von Wolfgang Schadewaldt; Rowohlt Verlag, Hamburg 1997

Zeichne nach der Beschreibung Kirkes ein Bild von Skylla und Charybdis.

Wie ist es Odysseus und seinen Gefährten zwischen Skylla und Charybdis wohl ergangen? Lies die Geschichte und erzähle – in der Rolle des Odysseus – von diesem gefährlichen Abenteuer.

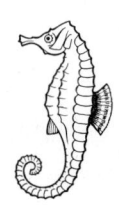

Das Ende der Irrfahrten?

Über das weitere Schicksal des Odysseus erfahren wir etwas aus einem Gespräch zwischen Athene und Zeus:

Athene:
„Warum, mein Vater und Herr, lässt du Gerechte so leiden wie den Helden Odysseus, der nie jemandem ein Unrecht zugefügt hat?
Warum lässt du ihn nicht endlich heimkehren, nach all den Mühsalen, die er erdulden musste?
Du weißt wohl, dass er seit sieben Jahren auf Kalypsos Insel lebt und sich Tag und Nacht danach sehnt, endlich wieder den Rauch von Ithakas Hügeln aufsteigen zu sehen!
Hat er dir vielleicht nicht genug Opfer gebracht, während er mit dem Heere der Achaier (Griechen) vor Troja lag? Oder war er nicht der gerechteste und gütigste Herrscher von Ithaka? Warum zürnst du ihm also?"

Zeus:
„Was redest du, Tochter? Wie könnte ich Odysseus zürnen, dem weisesten unter den Sterblichen, der nie die Ehrfurcht vor den Göttern vergaß (...)!
Aber Poseidon verfolgt ihn mit seiner Rache, weil er Polyphemos, seinen Sohn, des Auges beraubt hat. Darum beschloss der Erdumstürmer (Poseidon) in seinem Zorn, Odysseus zwar nicht zu töten, aber ihm die Heimkehr zu verwehren. Seitdem jagte er ihn und seine Gefährten über die unendliche Wasserwüste, trieb ihn an fremde Gestade, wo wilde Völker wohnen und viele Male ein grausiger Tod ihn bedrohte.
Er hetzte die Stürme und die Ungeheuer der Tiefe gegen den Verfolgten. Zuletzt warf er ihn an den Strand der Insel, die Kalypso (die Tochter des Atlas) bewohnt. Kalypso aber begehrt Odysseus zum Gemahl und hält ihn auf ihrem Eiland fest (...). Er hat keinen einzigen Gefährten mehr, der ihm beistehen könnte, und kein Schiff, das ihn über das wilde Gewässer heimtrüge nach Ithaka: denn Poseidon hat ihm alles genommen! Aber nun, dünkt mich, ist es genug!
Wir wollen im Rate der Unsterblichen beschließen, Odysseus heimzusenden zu Penelope, seiner Gattin, und zu seinem Sohn Telemachos, der eben geboren war, als sein Vater auszog nach Troja."

Nach dem Götterurteil winkt Zeus den göttlichen Boten Hermes herbei.

Welche Nachricht für Kalypso wird Zeus ihm aufgetragen haben?
Schreibe die göttliche Botschaft auf.

(aus: Auguste Lechner: Die Abenteuer des Odysseus. Tyrolia-Verlag, Innsbruck[8] 1985)

1. So heißt die schöne Nymphe, auf deren Insel Odysseus sieben Jahre lang bleibt.
2. So heißt der Vater dieser Nymphe.
3. Sie setzt sich für die Heimkehr des Odysseus ein.
4. Hiermit hat Odysseus stets versucht, die Götter gnädig zu stimmen.
5. Er verfolgt Odysseus mit seiner Rache.
6. So heißt der Sohn Poseidons, den Odysseus geblendet hat.
7. Dies wird Odysseus von Zeus jetzt gestattet.
8. Er überbringt der Nymphe den Befehl, Odysseus freizugeben.

Die Buchstaben in den grau unterlegten Kästchen musst du nur noch in die entsprechende Reihenfolge bringen, um das Lösungswort zu erhalten.

Tipp:
Es ist eine Person, die sich in Ithaka ganz besonders auf die Heimkehr des Odysseus freut.

---

1. Überlegt euch, wie Kalypso wohl auf den Befehl, Odysseus nach Ithaka zurückkehren zu lassen, reagiert hat.
Stellt das Gespräch zwischen Kalypso und Hermes als Rollenspiel dar.
2. Wer von euch findet heraus, was Odysseus bei seiner Rückkehr nach Ithaka erwartet?
Lest nach, wie die Odyssee endet, und berichtet darüber.

Die Reise in die Sagenwelt

Ein Mythologie-Spiel

Das Mythologie-Spiel ist ein Würfelspiel für beliebig viele Spieler.
Jeder benötigt eine Spielfigur, die zu Spielbeginn am Start steht. Gewürfelt wird mit einem Würfel. Die Reise geht über die verschiedenen Stationen bis zum Olymp.
Wer als erster im Olymp ankommt, ist Gewinner.
Wenn ihr Glück habt, kommt ihr auf ein solches Feld ◦. Dann dürft ihr beim nächsten Würfeln die „Abkürzung" benutzen. Ansonsten müsst ihr immer den längeren Weg nehmen.
Kommt ihr auf ein solches Feld ◦, so müsst ihr euch von einem eurer Mitspieler eine Wissensfrage (Wissenskärtchen) stellen lassen. Beantwortet ihr sie richtig, zieht ihr zum nächsten Ereignisfeld ● weiter, ohne jedoch eine Ereigniskarte zu ziehen. Beantwortet ihr die Wissensfrage nicht oder falsch, so geht ihr zum letzten Ereignisfeld zurück.
Ereigniskarten müssen nur gezogen werden, wenn ihr diese Felder durch Würfeln erreicht.
Kommt ihr an ein Feld, das von einer Eule bewacht wird, setzt ihr einmal aus und erhaltet eine Eulenkarte. Für jede erhaltene Eulenkarte müsst ihr nach Spielende eine Wissens- oder Ereigniskarte selbst entwerfen (Leerkärtchen).
So wächst allmählich der Vorrat an Aktionskarten und das Spiel bleibt stets spannend.
Betrachtet den Vorrat an Wissens- und Ereigniskarten, den wir mitgeliefert haben, nur als Startausrüstung.
Kommt ihr auf ein Feld mit Bildsymbolen, muss der rechts sitzende Mitspieler euch eine Wissensfrage zu diesem Themengebiet stellen.

Ihr könnt euch auch eigene Regeln erarbeiten.
Dazu folgende Anregungen:

- *Was passiert, wenn zwei Spieler auf dasselbe Feld kommen?*
- *Darf man vorwärts und rückwärts laufen um z.B. zu schlagen?*
- *Gibt es zusätzliche Aufgaben, wenn man ein Abenteuer „erreicht"?*
- *Entwurf eines alternativen Spielplanes*
- *Entwurf einer alternativen, eigenen Spielanleitung:*
  - *Spielmaterial*
  - *Ziel des Spiels*
  - *Vorbereitung des Spieles*
  - *Durchführung des Spiels (Spielregeln)*

Das Mythologie-Spiel

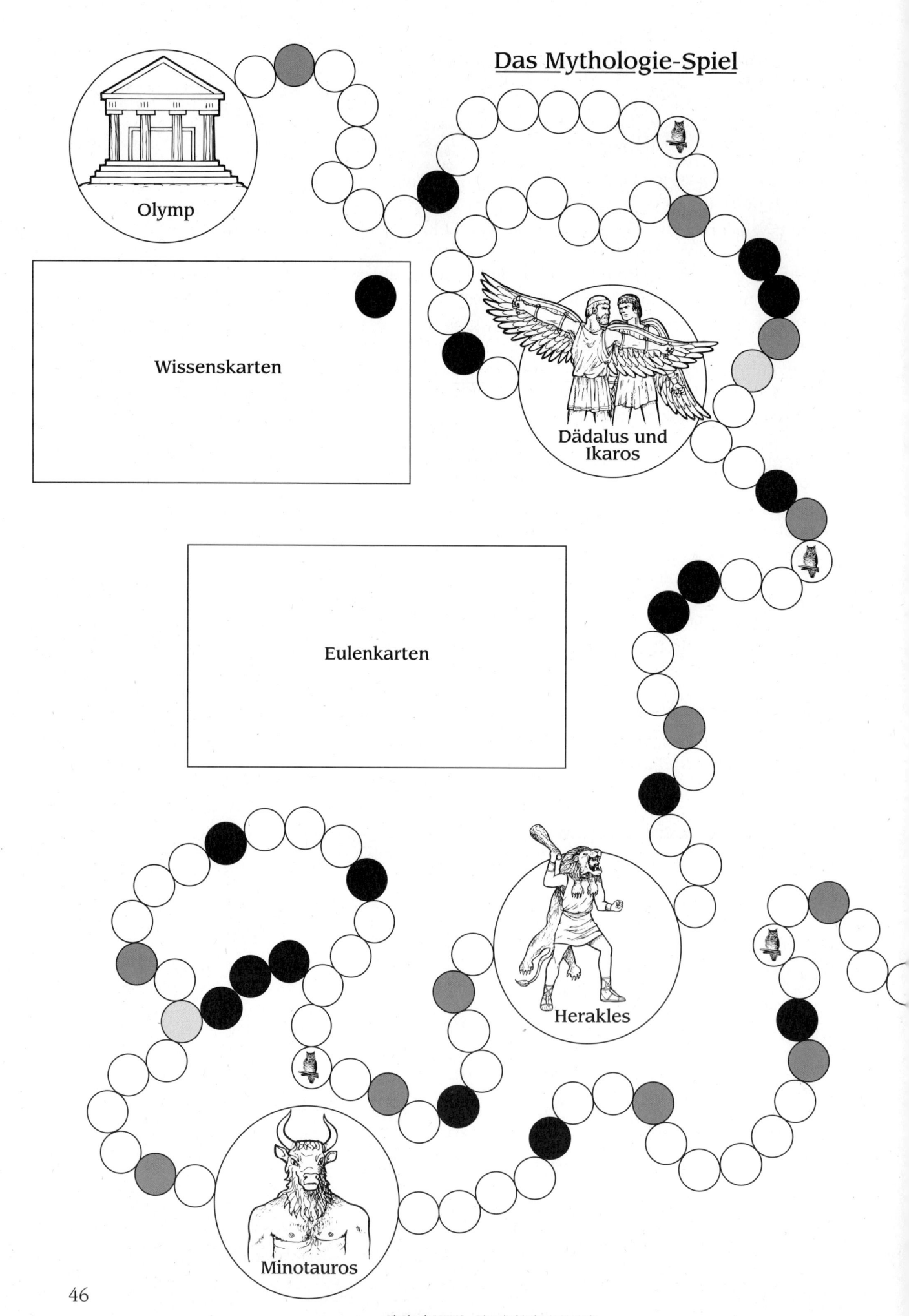

Olymp

Wissenskarten

Dädalus und Ikaros

Eulenkarten

Herakles

Minotauros

Start

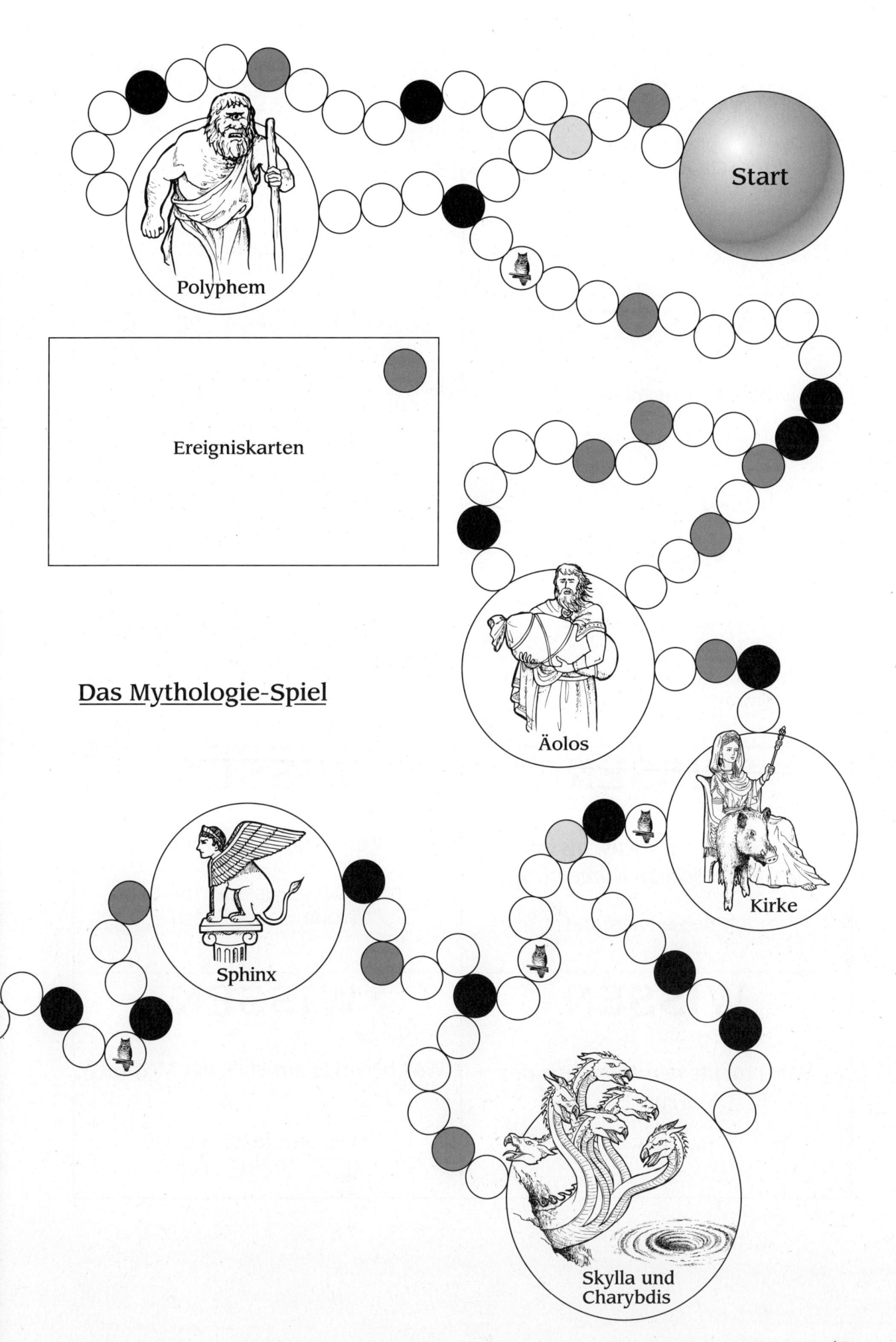

Polyphem

Ereigniskarten

Das Mythologie-Spiel

Äolos

Kirke

Sphinx

Skylla und Charybdis

WISSEN Wer schrieb die Odyssee? Homer	**WISSEN** Wie locken die Sirenen die Seefahrer an? durch ihren zauberhaften Gesang
WISSEN Nenne drei griechische Götter. Zeus, Athene, Poseidon…	**WISSEN** Wie heißen die beiden Meeresungeheuer in der Odyssee? Skylla und Charybdis
WISSEN Wer ist der Minotauros und wo lebte er? Mensch mit Stierkopf, er lebte in einem Labyrinth auf Kreta	**WISSEN** Welches Ereignis löste den Trojanischen Krieg aus? die Entführung der schönen Helena
WISSEN Was antwortet Odysseus, als ihn Polyphem nach seinem Namen fragt? „Ich heiße Niemand."	**WISSEN** Wie wurde Troja erobert? durch Odysseus' List mit dem Trojanischen Pferd
WISSEN Wer brachte den Menschen das Feuer? Prometheus	**WISSEN** Was bewirkte ein Blick der Medusa? Alles wurde zu Stein.

EREIGNIS	**EREIGNIS**
Aeolos schickt dir guten Segelwind. Rücke drei Felder vor.	Der Liebesgott verleiht dir Flügel. Rücke vor bis zum nächsten Abenteuer, setze aber einmal aus.
EREIGNIS	**EREIGNIS**
Zeus straft dich mit Donner und Blitz. Bringe sämtlichen Müll in der Nähe deines Platzes zum Papierkorb. Sag nicht, alles sei sauber.	Du hast den Göttern fünf Schafe geopfert. Wenn du noch ein Kleidungsstück opferst, fünf Felder vor.
EREIGNIS	**EREIGNIS**
Du hast Kirke mit deinem Charme bezirzt. Zehn Liegestütze, damit du nicht übermütig wirst.	Hermes leiht dir seine Flügelschuhe. Wer könnte sich heute besser als du um das Klassenbuch kümmern?
EREIGNIS	**EREIGNIS**
Du hast die Götter verspottet. Heute hast du Tafeldienst.	Hermes hat eine Botschaft für dich. Leider ist Hermes dein Direktor. Noch heute ins Sekretariat, um einen Botengang zu erledigen.
EREIGNIS	**EREIGNIS**
Die Götter sind dir gnädig. Dafür erwischt es einen Mitschüler deiner Wahl. Lass ihn auf einen Stuhl steigen und lauthals die Götter preisen.	Kerberos, der Höllenhund, verfolgt dich. Laufe dreimal um deinen Stuhl herum.

Das Odyssee–Spiel (Eulen- und Leerkarten)

50

Mythologisches Mobile

Klebe die Karten auf Pappe, damit das Mobile stabiler wird.
Schneide anschließend die Karten aus, knicke sie und klebe sie mit den Rückseiten zusammen. Danach ziehst du einen Faden durch das Loch und der erste Teil deines Mobiles ist fertig. Nun brauchst du drei unterschiedlich lange Holzstangen. Binde an alle Enden der Holzstangen eine der fertigen Karten.
Jetzt musst du nur noch den Mittelpunkt der Stangen mit einem langen Faden verbinden.
Anschließend kannst du dein Mobile aufhängen.
Die Karten sind viel schöner, wenn du sie vorher bunt anmalst.

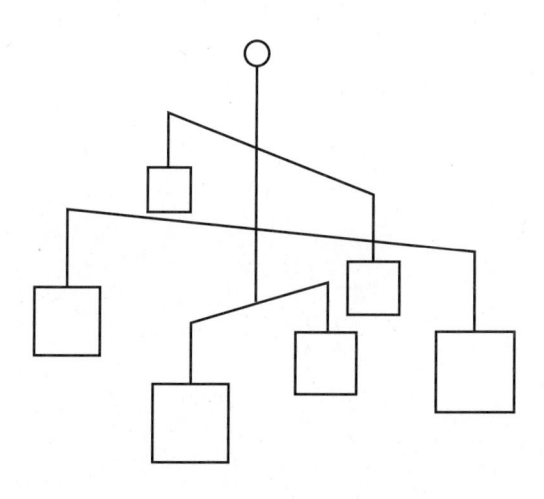

Gestalte selbst ein Mobile. Male auf einer Seite der Kärtchen Bilder von Göttern, Helden, Ungeheuern, ... und schreibe kurze Erklärungen auf die Rückseite.

Pegasus
Das geflügelte Pferd des Zeus

Atlas
Zeus verurteilte ihn dazu, die Erde auf seinen Schultern zu tragen.

Apoll, dem Gott der Dichtkunst und Musik, war der Lorbeer heilig. Deswegen wurden Dichter mit dem Lorbeerkranz geehrt.

Eros
Sohn der Aphrodite. Als Gott der Liebe trifft er die Menschen mit seinen Pfeilen.

Das heilige Tier der Athene, der Schutzgöttin Athens. Die Eule ist ein Sinnbild der Klugheit.

Achill
Schönster und tapferster Held vor Troja
Er war nur an der Ferse verwundbar.

Griechische Kleidung – selbst gemacht

Wir stellen euch drei verschiedene griechische Kleidungsstücke vor, die ihr ganz leicht selbst herstellen, schmücken und verzieren könnt.
Das Mäander-Muster ist übrigens ein besonders beliebtes Muster bei den Griechen:

Männer, Frauen und Kinder trugen den Chiton, Männer trugen ihn kurz, die Frauen meistens lang.

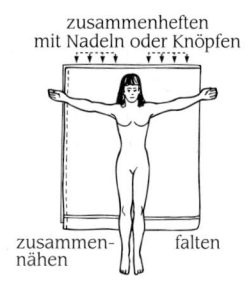

Beschreibe die Herstellung eines Chitons.

_____

_____

_____

Schick und trotzdem leicht herzustellen ist auch der Peplos, der Vorläufer des Chiton.

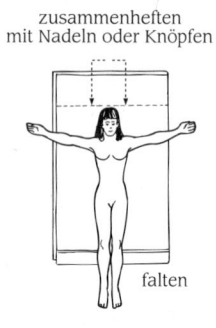

Wodurch unterscheidet sich der Peplos vom Chiton?

_____

_____

_____

Ihr könnt natürlich auch alte Betttücher, Tischdecken ... zweckentfremden und sie euch gekonnt über die Schulter werfen. Einen solch einfachen, aus einem rechteckigen Stück Stoff bestehenden Überwurf nannten die Griechen Himation.

Sammelt Bilder von griechischen Statuen oder Vasenbilder, auf denen man die Kleidung der Personen gut erkennen kann, und klebt sie in eure Mappe.

„Sagen"hafte Spiele-Ideen-Sammlung

Böse „Drei", grausame „Fünf"

Es wird von 1 an im Kreis herum gezählt.
Jeder sagt die nächste Zahl, wenn er an der Reihe ist.
Nicht gesagt werden dürfen Zahlen, die durch 3 geteilt werden können oder eine 3 enthalten. Sie werden durch „SKYLLA" ersetzt.
Ebenfalls nicht gesagt werden dürfen Zahlen, die durch 5 geteilt werden können oder eine 5 enthalten. Sie werden durch „CHARYBDIS" ersetzt.
Ganz schlimm wird es bei Zahlen, die sowohl durch 3 als auch durch 5 geteilt werden können oder die eine 3 und eine 5 enthalten. Sie werden durch „UNGEHEUER" ersetzt.
Wir wünschen euch viel Spaß, wenn es jetzt heißt : Eins, zwei, SKYLLA, vier, CHARYBDIS, ...

Gewusst wo...

Der Spielleiter benötigt verschiedene Listen mit Begriffen aus der griechischen Sagenwelt. Diese Listen werden im Klassenraum an verschiedenen Stellen ausgehängt.
Der Spielleiter ruft nun einen bestimmten Begriff auf und alle müssen die Liste suchen, auf der dieser Begriff steht, und sich in einer Reihe hintereinander stellen.
Die (der) Letzte in der Reihe schlägt einen neuen Begriff vor.
Der Spielleiter überprüft, ob dieser Begriff noch nicht vorhanden ist, und notiert ihn auf einer der Listen.

Wir suchen den Minotauros

Die gesamte Klasse stellt sich in einer langen Reihe hintereinander auf. Alle halten den Faden eines Wollknäuels in der rechten Hand. Der Faden sollte zwischen den einzelnen Schülern ruhig lang durchhängen. Die (der) erste in der Reihe betritt nun das „Labyrinth". Sie (er) darf überall hingehen. Die Reihe darf dabei auch mehrfach gekreuzt werden. Nach einem Stoppzeichen des Spielleiters versuchen sich alle wieder zu entwirren. Dabei darf der Faden aber nicht losgelassen werden. (Manche, die dieses Spiel ausprobiert haben, sind bis heute ihrem „Labyrinth" nicht wieder entkommen.)

Grapschen

Mehrere Schülerinnen/Schüler bekommen den Auftrag, eine Fantasiegeschichte für die nächste Stunde zu schreiben, in denen ein bestimmter Begriff aus der griechischen Sagenwelt möglichst oft vorkommen soll (z.B. Minotauros).
Am nächsten Tag bilden sich so viele Stuhlkreise, wie Geschichten vorhanden sind.
In der Mitte dieser Kreise liegen beliebige Gegenstände (eurer Fantasie sind keine Grenzen gesetzt), aber einer weniger als Teilnehmer. Nun werden die Geschichten in den einzelnen Stuhlkreisen vorgetragen.
Jedesmal wenn in der Geschichte dieser Begriff vorkommt (ist vorher allen bekannt), versuchen alle Teilnehmer, einen Gegenstand zu grapschen. Wer keinen Gegenstand bekommt, muss ...

Göttermix

Alle sitzen in einem großen Stuhlkreis. Jede(r) hält einen Zettel in der Hand, auf dem der Name eines Gottes vermerkt ist (je 4 oder auch mehr Spieler haben den gleichen Götternamen). Die Götternamen sind allen bekannt.
Ein Mitspieler steht in der Mitte des Stuhlkreises. Für ihn ist kein Stuhl vorhanden.
Er ruft nun den Namen eines Gottes. Die Mitspieler, die diesen Götternamen auf ihrem Zettel haben, müssen die Plätze tauschen. Diese Verwirrung nutzt der Spieler in der Mitte, um einen frei werdenden Platz zu ergattern. Wer ohne Sitzplatz bleibt, ist der nächste Spieler für die Mitte.
Tipp: Wer alle Sitzenden von den Plätzen aufscheuchen will, ruft statt eines Götternamens einfach „Göttermix".

Mimische Kette

Vier Schüler bzw. Schülerinnen werden vor die Klassentür geschickt. Die anderen überlegen sich eine Szene aus einer griechischen Sage.
Der erste der Hinausgeschickten wird hereingeholt und einer spielt ihm diese Szene vor. Er muss sie dann dem nächsten wiederholen, dieser dem dritten, ... Am Schluss wird jeder gefragt, was er glaubt, gespielt bzw. gesehen zu haben.

Wer bin ich?

Dieses Spiel kann mit der ganzen Klasse gespielt werden.
Jeder erhält einen selbstklebenden Zettel mit dem Namen einer Person, eines Ungeheuers oder auch mit einem abstrakten Begriff aus der griechischen Mythologie.
Alle bewegen sich durcheinander im Klassenraum, solange Musik läuft. Die Zettel müssen dabei verdeckt gehalten werden.
Beim Stopp der Musik oder einem entsprechenden Zeichen des Spielleiters heften sich je zwei Schüler, die sich in diesem Augenblick am nächsten stehen, gegenseitig ihre Zettel an die Stirn.
Um herauszufinden, welche Person ... man darstellt, stellen sich die beiden abwechselnd Fragen, die nur mit „ja" oder „nein" beantwortet werden dürfen. Es gewinnt, wer zuerst errät, wer er ist.

Maragewi

Für dieses Spiel teilt sich die Klasse in zwei Gruppen auf.
Auf Kärtchen aufgeschriebene Begriffe aus der griechischen Mythologie werden nacheinander vom Spielleiter einem Schüler der beginnenden Gruppe verdeckt gezeigt. (Wer dieser Schüler sein soll, bestimmt die Gruppe selbst.) Dieser Schüler muss den Begriff an der Tafel oder am OHP zeichnen. Die eigene Gruppe rät den Begriff. Ist der Begriff geraten, wird ein neuer Begriff gezeigt. Die Gruppe muss nun innerhalb einer bestimmten Zeit möglichst viele Begriffe erraten, die von ihrem Mitspieler gezeichnet werden. Nach Ablauf der Zeit werden die erratenen Begriffe gezählt und die andere Gruppe ist an der Reihe.
Ihr wollt wissen, warum das Spiel Maragewi heißt? Ist doch klar: Malen, raten, gewinnen!

Olymp - verkehrt

Poseidon, Zeus und Hephaistos waren es eines Tages leid, immer nur dieselben Aufgaben zu erfüllen.

Zeus, der die beiden anderen gerade zu einem Treffen zu sich auf den Olymp geladen hatte, schlug für eine Woche einen Rollentausch vor.
Zunächst besprachen sie die Einzelheiten und machten sich Notizen.
Zeus wohnte z.B. auf dem Olymp. Poseidon lebte im Meer. Hephaistos war für gewöhnlich auf einem Vulkan anzutreffen, da er Feuer zum Schmieden brauchte.
Ihre Aufgaben waren auch unterschiedlich. Zeus war der Göttervater, Poseidon der Gott des Meeres und Hephaistos der Gott der Schmiedekunst.
Ihre Lieblingsbeschäftigungen waren ebenfalls unterschiedlich. Während Zeus am liebsten Blitze schleuderte, wühlte Poseidon die Wellen mit dem Dreizack auf und Hephaistos schlug mit seinem großen Hammer auf das glühende Metall.
Dann überlegten sie noch, dass sie auch unterschiedliche Lieblingsgetränke hatten.
Zeus bevorzugte den Wein, Poseidon das Wasser des Meeres und Hephaistos trank am liebsten selbst gebrauten „Vulkannektar".
Jeder schrieb seine Merkmale auf vier kleine Kärtchen. Anschließend wurden alle zwölf Karten gut gemischt und verdeckt auf den Tisch gelegt.
Reihum zogen sie dann die Kärtchen. Dabei konnte es natürlich auch geschehen, dass jemand sein eigenes Kärtchen zog.
An diesem Abend sah man auf dem Olymp drei gut gelaunte Götter. Es ist leider nichts bekannt darüber, wie die nächste Woche verlief.
So zogen sie die Kärtchen:

1. Poseidon ist der Freund des künftigen Gottes der Schmiedekunst, der nach dem Rollentausch weder die Wellen aufwühlt noch mit dem Hammer schmiedet.
2. Derjenige, der nach dem Rollentausch Göttervater ist und im Meer wohnt, besucht während der Woche oft seinen Freund, der dann „Vulkannektar" trinkt, an seinem neuen Wohnsitz, dem Vulkan.
3. Hephaistos, der in der kommenden Woche Meerwasser trinken muss, ist während des Rollentausches nicht Herrscher über das Meer.
4. Der die Wellen während dieser Woche mit dem Dreizack aufwühlt, ist in seiner Rolle nicht der Göttervater.
5. Zeus, der in seiner neuen Rolle keinen Wein trinken darf, wühlt eine Woche lang die Wellen mit dem Dreizack auf.

Gib Aufgabengebiet, Aufenthaltsort, Lieblingsbeschäftigung und Lieblingsgetränk der drei Götter für die nächste Woche an.

	Zeus	Poseidon	Hephaistos
Aufgabengebiet			
Aufenthaltsort			
Lieblingsbeschäftigung			
Lieblingsgetränk			

Die List des Odysseus in der Meerenge von Skylla und Charybdis

An diese Meerenge gelangte Odysseus auf seiner Irrfahrt mit 4 Schiffen.
Sie hatten genau eine Stunde Zeit, um alle Schiffe durch die Meerenge zu bringen.
Danach würde Charybdis das Meerwasser einsaugen, riesige Strudel würden entstehen, in denen die Schiffe untergehen würden.
Nun war nicht jede Rudermannschaft und nicht jedes Schiff gleich schnell.
Nicht mehr als zwei Schiffe konnten überhaupt die Meerenge passieren, ohne von Skylla bemerkt zu werden.
Sie wäre sonst mit ihren sechs Hälsen gleichzeitig aus ihrer Höhle hervorgeschossen und hätte Mann und Maus verschlungen.
Odysseus wusste, dass das erste Boot 5 Minuten, das zweite 10 Minuten, das dritte 20 Minuten und das vierte sogar 25 Minuten benötigen würde, um die Meerenge einmal zu passieren.
Er selbst würde bei jeder Überfahrt dabei sein müssen, damit die Mannschaften nicht vor Angst und Entsetzen das Rudern vergaßen.

Hilf Odysseus: Sag ihm, in welcher Reihenfolge die Boote fahren müssen.

„Sagen"hafte Redewendungen – bunt durcheinander gewürfelt

Hier findest du Kärtchen mit Ausdrücken, die ihren Ursprung in der griechischen Mythologie haben, und Kärtchen, auf denen ihre Bedeutungen erklärt werden. Alles ist jedoch völlig durcheinander, so dass du den Ausdrücken (mit Zahlen versehen) die richtigen Bedeutungen (mit Buchstaben versehen) zuordnen musst.

Tantalusqualen 2	Hierum entbrennt ein Streit T	Tollkühnes Wagnis, leider missglückt H	Atlas 4	Das so sehr Gewünschte bekommt man nicht und leidet darunter A
Arbeit, die viel Kraft erfordert N	Die Schwachstelle eines Menschen A	Mühevolle Arbeit, leider ohne Ergebnis G	Zwischen zwei Übeln, denen man nicht ausweichen kann F	Ikarusflug 6
Er trägt die ganze Erde, allerdings in Form von Landkarten E	Herkulesarbeit 5	Zankapfel 9	Jemanden mit seinem Charme bezaubern, verführen S	Zwischen Skylla und Charybdis 8
	Jemanden bezirzen 1	Sisyphusarbeit 3	Achillesferse 7	

Deine Lösung kannst du in diese Tabelle eintragen.
Ordnest du die Buchstaben richtig zu, so kannst du in der Tabelle auch ein Lösungswort erkennen.

Ausdruck	1	2	3	4	5	6	7	8	9
Bedeutung									

Da du inzwischen zu einem(r) richtigen Sagenexperten(in) geworden bist, weißt du bestimmt, aus welchen Sagen diese Redewendungen stammen, und kannst etwas darüber berichten.
Wetten dass ...?

Auf dieser und der nächsten Seite findest du 3 Würfelnetze, die du ausschneiden, knicken und zu Würfeln zusammenbauen kannst. Beklebst du vorher die jeweils gegenüberliegenden Würfelseiten mit einem <u>Ausdruck</u> *und seiner* <u>Bedeutung</u> *(schneide dazu die Kärtchen der vorigen Seite aus), so ergibt sich anschließend ein hübsches Spiel, das du mit einem Spielpartner spielen kannst:*
Einer von euch würfelt mit einem beliebigen Würfel und liest vor, was auf der Oberseite steht. Ist es der Ausdruck, so muss euer Partner die Bedeutung nennen. Liegt die Bedeutung oben, so ist der Ausdruck zu nennen. Hebt dann den Würfel hoch und kontrolliert.
Vereinbart selbst weitere Spielregeln zu dem Spiel, so dass ihr einen Sieger/eine Siegerin ermitteln könnt.

Damit du kontrollieren kannst, ob alles richtig zugeordnet ist, haben wir in die Würfelflächen die Zahlen der Kärtchen bereits eingetragen
Unter jedem Würfelnetz stehen die Buchstaben, die dazu auf die entgegengesetzte Würfelseite geklebt werden müssen. Die Reihenfolge sagt dir leider nichts über die Zuordnung und auch die gegenüberliegende Würfelseite (z.B. zu „1") musst du selbst finden.

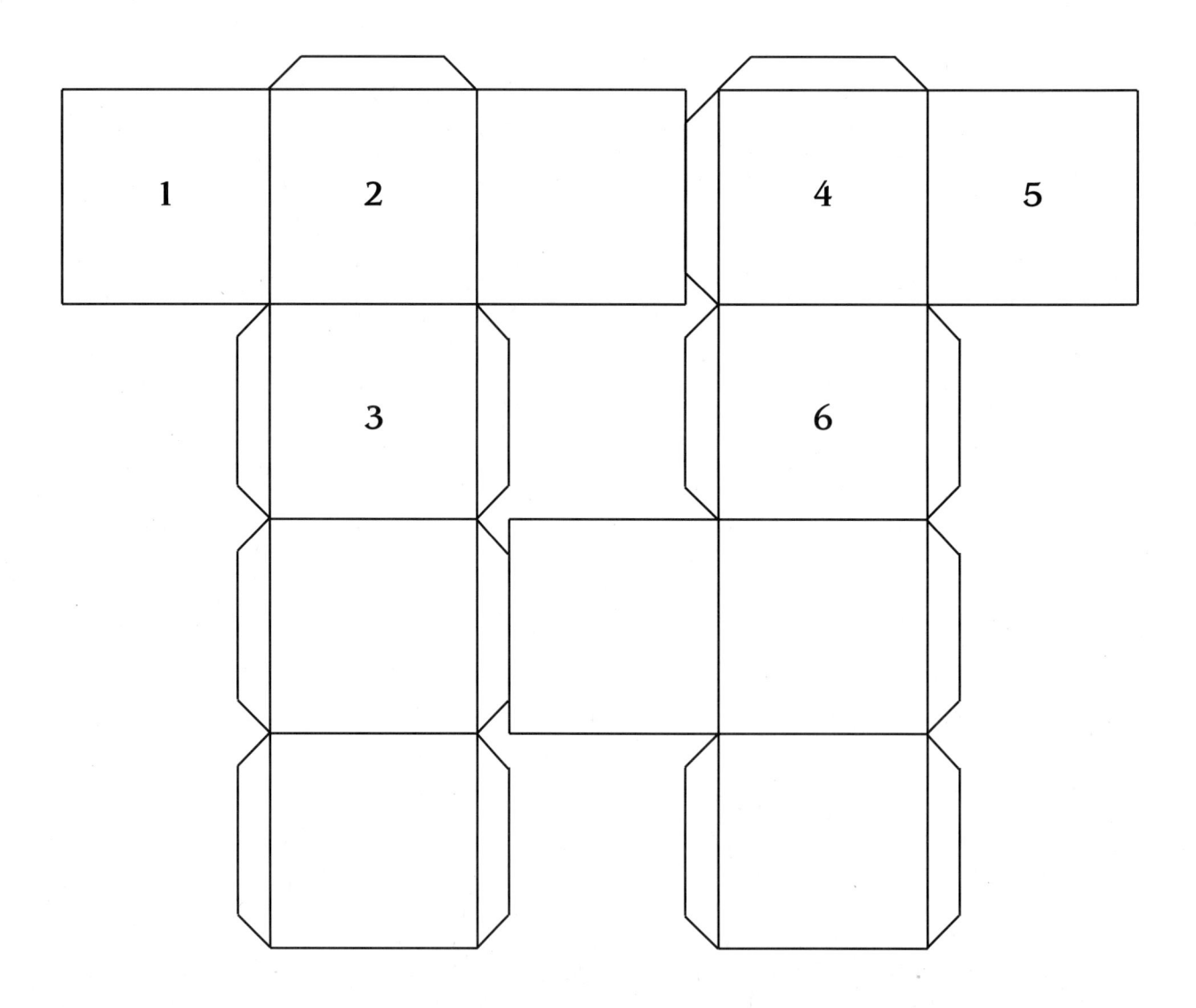

Passende Buchstaben: A, G, S   Passende Buchstaben: E, H, N

58

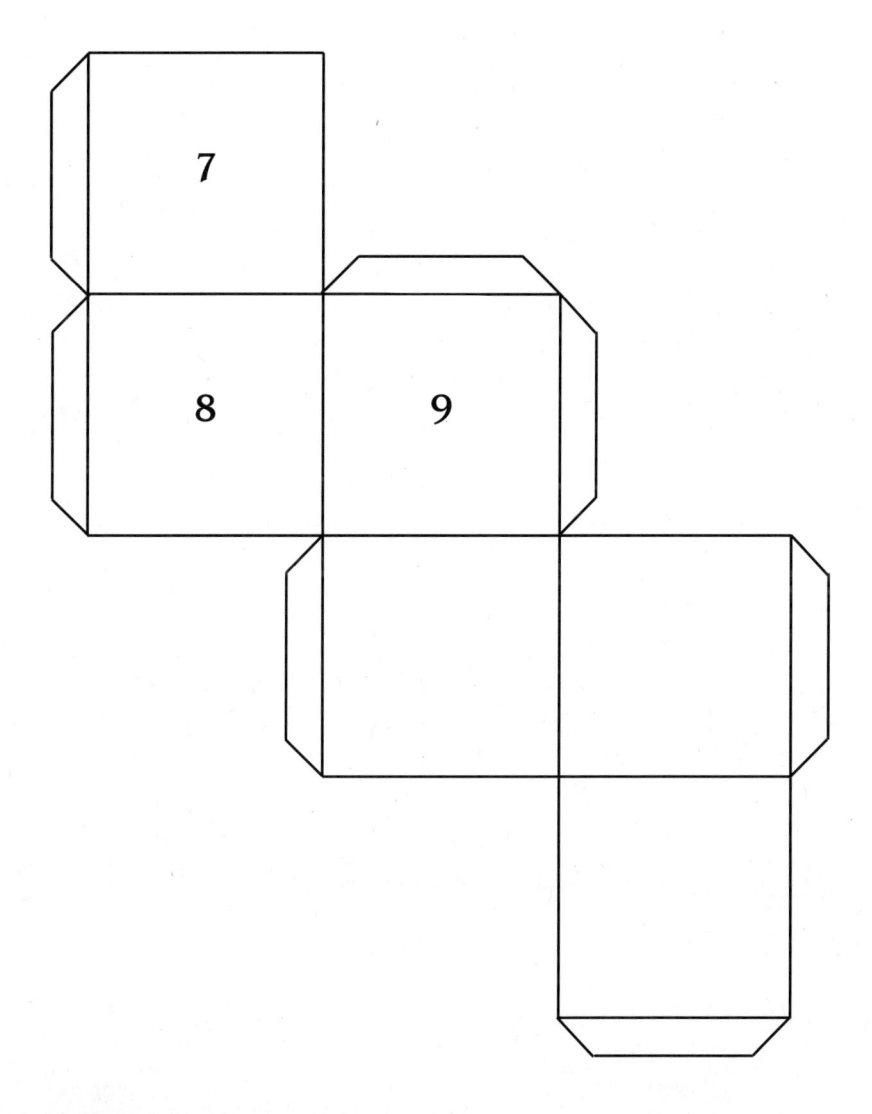

Passende Buchstaben: A, F, T

Findet heraus, aus welchen Sagen die folgenden Redensarten stammen, lest die Sagentexte und erzählt darüber:

- *Den Augiasstall ausmisten (große Missstände beseitigen)*
- *Etwas mit Argusaugen ansehen (scharf beobachten, mit den Augen überwachen)*

Tipp: *Wie wäre es, die Redensarten und Ausdrücke einmal pantomimisch darzustellen?*

60

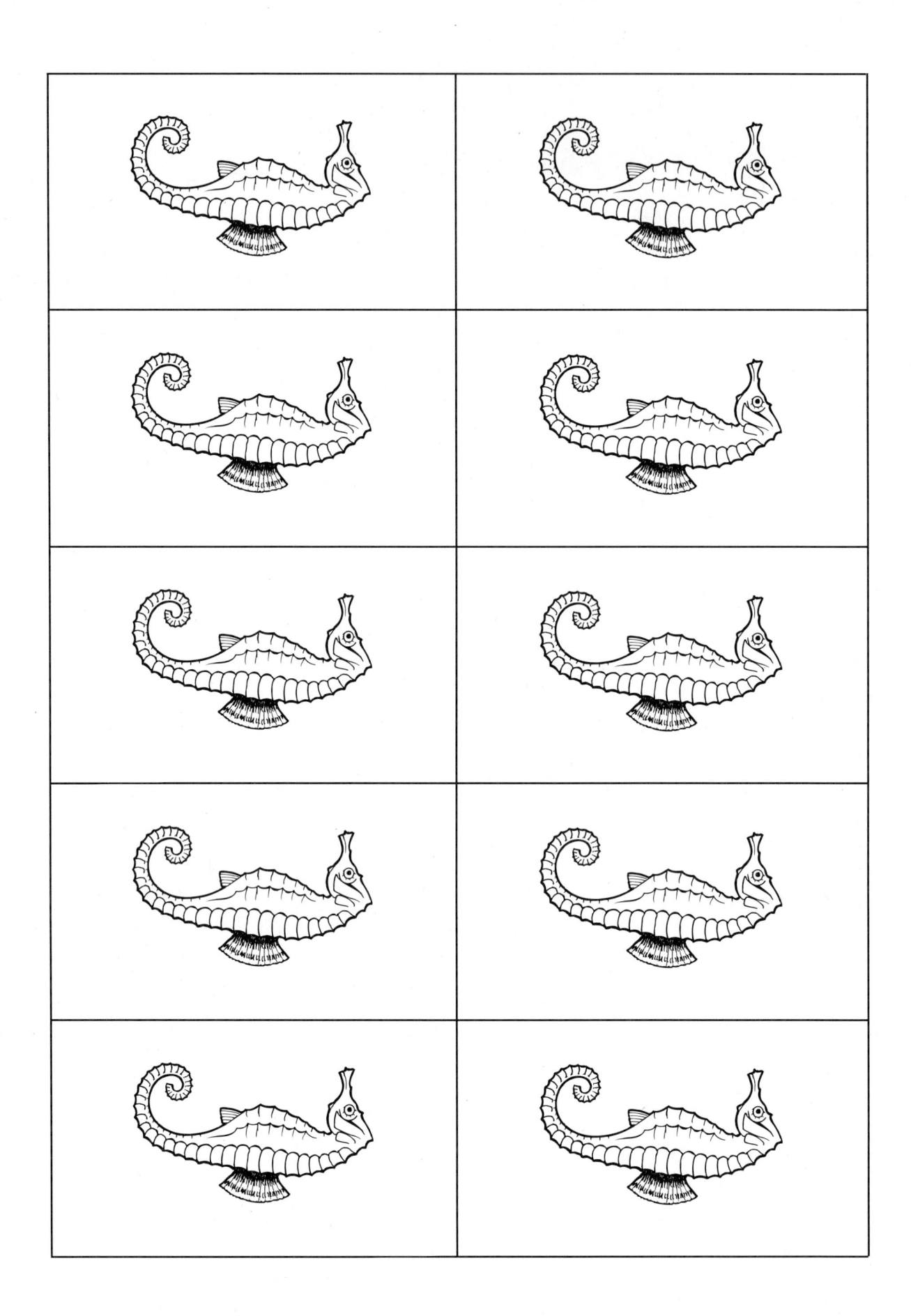

Lösungen

Lösungen zu: Götterball auf dem Olymp, S. 6
Die Götterbilder in der ersten Reihe sind von links nach rechts wie folgt zu beschriften:
Athene, Hephaistos, Hera, Aphrodite, Apoll
Die Götterbilder in der zweiten Reihe müssen von links nach rechts mit folgenden Namen versehen werden:
Hermes, Dionysos, Artemis, Ares, Poseidon

Lösungen zu: Rätsel-Olymp, S. 7
Die Lösungswörter, die von 1 bis 11 eingetragen werden müssen, heißen in der richtigen Reihenfolge:
Ueberheblichkeit, Athene, Poseidon, Blitze, Hades, Ambrosia, Opfergaben, Olymp, Aphrodite, Orakelspruch, Gehorsam.
Das Gesamt-Lösungswort lautet: unsterblich

Lösung zu: Sisyphos und Tantalos, S. 11
Die Nomen müssen in der folgenden Reihenfolge in die Texte eingesetzt werden:
Felsbrocken – Höhe - Gipfel – Tiefe – Aufgabe – Teich – Trank – Früchten – Durst – Hunger – Marmorstein

Lösung zu: König Midas, S. 12
Die richtige Reihenfolge der Texte lautet:
6 – 1 – 4 – 7 – 3 – 5 – 2
Damit ergibt sich als Lösungswort: HABGIER

Lösung zu: Sphinx-Rätsel und Co., S. 15
Die Lösungen der Rätsel lauten nacheinander in der ersten Spalte:
Mensch, Dachrinne, Handschuh, Dreieck
… und in der zweiten: Ecke, Bärtiger, Urlaub, Elfenbein

Lösung zu: Sagen mit Riss, S. 16
Überschrift des ersten Textes: Die Geburt der Athene
Überschrift des zweiten Textes: Europa mit dem Stier
Überschrift des dritten Textes: Perseus und Medusa

In den ersten Text wird einmal das Wort Athene eingesetzt.
In den zweiten Text wird dreimal das Wort Europa eingesetzt.
In den dritten Text werden nacheinander die Worte Perseus, Medusa, Perseus, Medusa, Medusa eingesetzt.

Lösung zu: Herakles am Scheideweg, S. 18/19
Folgende Schlüsselbegriffe, die im Buchstabenquadrat verborgen sind, lassen sich der Glückseligkeit zuordnen:
LUST, GENUSS, LASTER, FREUDEN, VORTEIL
Folgende Schlüsselbegriffe, die im Buchstabenquadrat verborgen sind, lassen sich der Tüchtigkeit zuordnen:
ERFOLG, TREUE, RUHM, EHRE, TUGEND

Lösung zu: Theseus im Labyrinth des Minotauros, S. 23

**Lösung zu:
Der Trojanische Krieg
Die Vorgeschichte, S. 27**
Die Einzellösungen lauten:
Mykene, Hera, Eris, Athene,
Agamemnon, Zeus,
Menelaos, Aphrodite, Paris,
Priamos, Troja, Helena.
Die gesuchte Lösung lautet:
KRIEG UM TROJA

**Lösung zu:
Die Odyssee beginnt, S. 29**
So sieht die Vasenmalerei
im Original aus.

Lösung zu: Odysseus im Land der einäugigen Riesen, S. 35
Werden die Textabschnitte in die richtige Reihenfolge gebracht, so ergibt sich als Lösungswort: POLYPHEM
Auf der nächsten Seite ist der Fehler, den Odysseus begeht, folgender:
Er ruft Polyphem seinen richtigen Namen zu.

Lösung zu: Äolos, S. 37
Der Reihe nach müssen die Lücken mit folgenden Begriffen gefüllt werden:
„der Beherrscher der Winde", „Zeus", „aus der Haut eines Stieres", „mit einer silbernen Schnur", „die heulenden Winde", „von Westen", „9 Tage und 9 Nächte", „Zephir", „Ithaka", „Am zehnten Tag", „das Steuerruder", „eine große Müdigkeit", „Neid und Neugier", „Gold und Silber", „die silberne Schnur", „in einem wilden Wirbel"

Lösung zu: Odysseus bei Kirke, S. 38
Die sechs Fehler:
1. kleine Hütte — Palast
2. Polybos — Eurylochos
3. Tochter des Gottes Dionysos — Tochter des Sonnengottes Helios
4. Verwandlung in Elefanten — Verwandlung in Schweine
5. Apoll, der Götterbote — Hermes, der Götterbote
6. das Kraut Polly — das Kraut Moly

Lösung zu: Odysseus und die Sirenen, S. 40/41
Die richtigen Worte im Text, deren Silben auch auf dem Schiff dargestellt sind, lauten nacheinander: Ohren, Bienenwachs, lieblich, Gesang, Sirenengesang, Mastbaum, Frauen, verlockend, Sirenengesang, Sehnsucht, Bienenwachs, Ohren.
Setzt man die griechische Vasenmalerei richtig zusammen,
so ergibt sich als Lösungswort: W A R N T O N

Lösung zu: Das Ende der Irrfahrten? S. 44
1. Kalypso 2. Atlas 3. Athene 4. Opfer
5. Poseidon 6. Polyphem 7. Heimkehr 8. Hermes
Das Lösungswort lautet: PENELOPE

Lösung zu: Olymp – verkehrt ... S. 55

	Zeus	Poseidon	Hephaistos
Aufgabengebiet	Herrscher über das Meer	Göttervater	Gott der Schmiedekunst
Aufenthaltsort	Vulkan	Meer	Olymp
Lieblingsbeschäftigung	Wellen mit dem Dreizack aufwühlen	Schmieden mit dem großen Hammer	Blitze schleudern
Lieblingsgetränk	„Vulkannektar"	Wein	Meerwasser

Lösung zu: Die List des Odysseus ... S. 56

Alle Boote liegen zunächst auf einer Seite der Meerenge:
                    Skylla
25, 20, 10, 5   Meerenge
                    Charybdis

Das 10er und das 5er Boot setzen über (mit Odysseus):
25, 20   10, 5

Das 5er Boot bringt Odysseus zurück.
25, 20, 5   10

Das 20er Boot und das 25er Boot setzen über (mit Odysseus):
5   20, 25, 10

Das 10er Boot bringt Odysseus zurück.
5, 10   25, 20

Das 5er Boot und das 10er Boot setzen über (mit Odysseus):
                                    5, 10, 20, 25

Geschafft!!!   In 60 Minuten!

Lösung zu: „Sagen"hafte Redewendungen, S. 57

Das Lösungswort lautet: SAGENHAFT

Bildquellen

S.10 Prometheus: Bildarchiv Steffens, Bridgeman, Mainz (Museum des Vatikan)
S.13 Aigeus erwartet den Orakelspruch der auf dem delphischen Dreifuß sitzende Themis: BPK, Berlin
S.17 Perseus und Medusa: Bildarchiv Steffens, Bridgeman, Mainz (British Museum, London)
Europa mit dem Stier: AKG, Berlin
Die Geburt der Athene: AKG Berlin/Erich Lessing (Paris, Musée du Louvre)
S.29 Odysseus befragt den Seher Teiresias: AKG Berlin/Erich Lessing (Paris, Bibliothèque Nationale)
S.41 Odysseus und die Sirenen: AKG Berlin/Werner Forman (British Museum, London)
S.51 Achilles, Patroklos die Wunden verbindend: AKG Berlin (Berlin, SMPK, Antikenmuseum)

Textquellen

Soweit Texte aus fremden Quellen zitiert wurden, sind diese direkt unter den entsprechenden Stellen angegeben.

Als Basisliteratur für Lehrkräfte oder als unterrichtsbegleitende Literatur für die Lernenden empfehlen wir:
- Griechische Sagen, nacherzählt von Richard Carstensen. Deutscher Taschenbuch Verlag, München 1998
- Ilias und Odyssee, nacherzählt von Walter Jens. Otto Maier Verlag, Ravensburg 1996
- Auguste Lechner: Die Abenteuer des Odysseus. Tyrolia Verlag, Innsbruck[8] 1985
- Gustav Schwab: Die schönsten Sagen des klassischen Altertums. Gondrom Verlag, Bayreuth 1981